메타버스
교육백서
1권

메타버스 교육과 만나다

메타버스교육백서 1권

메타버스 교육과 만나다

초판인쇄   2022년 2월 22일
초판발행   2022년 3월 1일
저   자   김규섭 강준철 김민정 김영철 송기진 양진영
          어성우 오은솔 우인숙 정 웅 조창호 한 솔
감   수   김주현

부록 및 교육지도안 제공 문의 (http://edudavinci.net)
공주대학교 기술지주 자회사 (주)에듀밋
041 855 3140

펴 낸 곳   지오북스
등   록   2016년 3월 7일 제395-2016-000014호
전   화   02)381-0706 | 팩스 02)371-0706
이 메 일   emotion-books@naver.com
홈페이지   www.geobooks.co.kr

ISBN   979-11-91346-31-2
값 25,000원

이 책은 저작권법으로 보호받는 저작물입니다.
이 책의 내용을 전부 또는 일부를 무단으로 전재하거나 복제할 수 없습니다.
파본이나 잘못된 책은 바꿔드립니다.

메타버스 교육백서

1권

메타버스 교육과 만나다

머릿말

"21세기가 요구하는 것은 창의적인 인재를 키우는 것이다. 급속하게 진행되는 기술 변화에 비해 사회와 제도는 이를 따라잡지 못하고 있다. 이 때문에 사회 전반을 변화시킬 수 있는 교육시스템을 개혁하는 것이 무엇보다 절실히 요구된다."

-앨빈 토플러-

'4차 산업혁명'과 '인공지능'에 이어서 등장한 미래핵심기술을 대표하는 키워드는 무엇일까요? 바로 '메타버스'일 것입니다. 정부에서는 2022년 1월 '메타버스 신산업 선도전략'을 발표하고 2026년까지 세계 5위 메타버스 선도국이 되겠다고 공표할 만큼 메타버스는 우리 삶에 커다란 변화를 가져올 것으로 예상되고 있습니다.

그렇다면 메타버스란 무엇일까요? 메타버스가 무엇인지 정의하기 위해 많은 이야기가 논의되고 있지만, 아직 개념적 정의나 범위가 명확하지는 않습니다. 그러나 쉽게 말씀드리면, '가상과 현실이 융합된 공간에서 사람과 사물이 상호작용하며 경제, 사회, 문화적 가치를 창출하는 세계(플랫폼)'라고 볼 수 있습니다. 메타버스는 5G통신기술의 발달, 4차산업혁명, 인공지능 등과 연계되어 부각되다가 코로나19로 인해 비대면(온라인, 원격) 생활이 일상화된 지금, 미래사회의 패러다임을 바꿀 핵심기술로 인정받고 있습니다.

이러한 흐름 속에서 메타버스는 교육, 엔터테인먼트, 금융, 정치 등 우리 삶의 여러 분야에 영향을 미치고 있습니다. 이미 선진국에서는 교사 중심의 수업에서 벗어나 메타버스를 활용한 학생 중심의 체험학습으로 교수학습구조가 변화되고 있습니다. 이런 교육패러다임의 변화 속에서 교사들은 학생들의 미래핵심역량과 적응력을 키우기 위해 메타버스를 적극 활용해야 할 것으로 보입니다.

메타버스라는 단어가 아직은 생소하게 느껴질 수 있겠지만, 이미 알게 모르게 우리는 메타버스와 가깝게 지내고 있습니다. 비대면 수업, 화상회의가 아주 친밀해진 현재, 우리 교육현장도 빠르게 변화해야할 필요가 있습니다.

그렇다면 학교현장에서 사용 가능한 메타버스 플랫폼에는 무엇이 있을까요? 어떻게 메타버스를 수업에 적용할 수 있을까요? 이 고민에 대한 답은 바로 <메타버스 교육백서>에 있습니다.

총 4권으로 구성된 <메타버스 교육백서>는 다음과 같이 구성되어 있습니다.

1권. 메타버스 교육과 만나다

2권. 메타버스 공간과 만나다

3권. 메타버스 게임과 만나다

4권. 메타버스 플랫폼과 만나다

　메타버스의 개념부터 메타버스가 도입될 미래 교육, 증강현실AR과 가상현실VR, 라이프로깅, 거울세계, 메타버스 윤리 등 어렵게 느껴지는 메타버스 관련 용어를 쉽고 자세하게 설명하고 있습니다. 또한, 학생들이 좋아하는 마인크래프트, 로블록스, 제페토, 코스페이스 에듀 등을 비롯하여 최근에 핫한 게더타운, 이프랜드까지, 메타버스 플랫폼이 어떻게 교육에 활용되는지 12명의 현직교사의 친절한 설명으로 이해하기 쉽게 풀어놓았습니다. 또한, 독자분들의 연수/강의와 수업을 돕기 위해 구글 프레젠테이션과 유튜브 동영상을 개발하여 함께 탑재하였습니다.

　메타버스 플랫폼들이 시대의 흐름을 선도할 만큼 빠르게 변화할 것으로 예상됩니다. 우리 집필진들은 이러한 변화를 빠르게 반영하여 유튜브(채널명: 공부하자com)와 네이버 카페(https://cafe.naver.com/studyhajacom)를 통해 독자 여러분들에게 끊임없이 추후 서비스를 제공해드릴 예정입니다. 또한 지금 이순간에도 새로운 메타버스 플랫폼이 개발되어 공개되고 있습니다. 더욱 발전된 형태의 메타버스 플랫폼을 독자여러분에게 보여드리기 위해 메타버스 교육백서는 시리즈로 여러분과 함께 할 것입니다.

　<메타버스 교육백서>는 여러분께서 미래교육을 실천하는 '첫 번째 펭귄'이 될 수 있도록 뒤에서 돕고자 합니다. 메타버스라는 새로운 흐름에 대해 두려워하지 말고, 당당하게 받아들여 발전하는 우리가 되어야 할 것입니다. 그것이 우리의 미래세대를 키우는 교육자로서의 사명이며, 우리 아이들을 위한 책무이지 않을까 싶습니다.

　이 책을 발행하기까지 고생하신 집필진과 관계자 여러분, 그리고 읽어주시는 독자님들께 감사의 말씀을 올립니다.

2022년 2월 21일

집필진 일동

메타버스 교육과 만나다

목차

<챕터1> 메타버스 알아보기

- 01. 메타버스 시작을 알아보자! ·· 4
- 02. 메타버스 개념을 알아보자! ·· 5
- 03. 메타버스 특성을 알아보자! ·· 7
- 04. 메타버스 유형을 알아보자! ·· 8

상상을 현실로! 새로운 세상, 메타버스!

<챕터2> 생활 속 메타버스 찾아보기

- 05. 메타버스가 주목받는 이유를 알아보자! ······················ 15
- 06. 생활 속에서 메타버스를 만나보자! ···························· 17

상상을 현실로! 새로운 세상, 메타버스!
구글 슬라이드

<챕터3> 메타버스와 산업 알아보기

- 01. 메타버스 세계의 하루를 알아보자! ···························· 22
- 02. 메타버스 관련 산업을 알아보자! ································ 23
- 03. 메타버스 경제를 알아보자! ·· 30

메타버스가 바꿀 미래 모습은?!

<챕터4> 메타버스와 진로 알아보기

- 04. 메타버스 관련 직업을 알아보자! ································ 33

메타버스가 바꿀 미래 모습은?!
구글 슬라이드

<챕터5> 메타버스 활용 교육 준비하기
01. 메타버스의 변화를 알아보자! ·· 40
02. 메타버스 필요조건을 알아보자! ·· 41
03. 메타버스 유형별 교육 사례를 알아보자! ······························ 45

<챕터6> 메타버스를 교육에 활용하기
04. 메타버스 활용 가능성을 알아보자! ····································· 50
05. 메타버스 활용 시 이런 점을 고려하자! ······························· 56
06. 미래형 메타버스 교육과정을 살펴보자! ······························· 58

메타버스가 가져올 교육계 지각변동!
구글 슬라이드

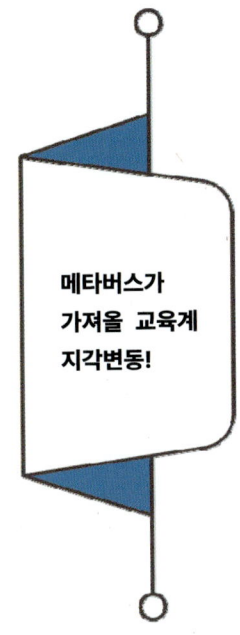

메타버스가 가져올 교육계 지각변동!

<챕터7> 거울세계 활용 교육 준비하기
01. 거울세계를 알아보자! ··· 64
02. 거울세계 특성을 알아보자! ··· 64
03. 거울세계 활용 사례를 알아보자! ······································· 65

<챕터8> 거울세계 활용하기
04. 구글 어스 사용법을 알아보자! ·· 72
05. 구글 어스 추가 기능을 알아보자! ····································· 77
06. 거울세계 활용 교육! 초·중등 수업, 이렇게 해보세요! ············ 82

현실을 넘어 더 현실 같은 거울세계!
구글 슬라이드

현실을 넘어 더 현실 같은 거울세계!

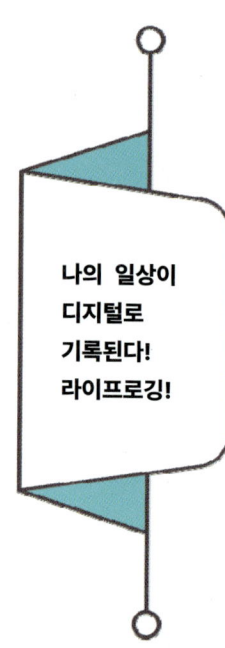

나의 일상이
디지털로
기록된다!
라이프로깅!

<챕터9> 라이프로깅 활용 교육 준비하기
01. 라이프로깅을 알아보자! ··· 88
02. 라이프로깅의 역사를 알아보자! ··· 90
03. 라이프로깅이 가져온 기술의 변화 ··· 91
04. 라이프로깅 활용 사례 ·· 92

<챕터10> 라이프로깅 활용하기
05. 클래스팅으로 우리 학급 SNS를 만들자! ································ 97
06. 다했니? 다했어요! 플랫폼으로 학급을 관리하자! ················ 104
07. 라이프로깅 플랫폼으로 건강 체력을 관리하자! ···················· 111

나의 일상이 디지털로 기록된다! 라이프로깅!
구글 슬라이드

<챕터11> 메타버스 플랫폼 비교 분석하기
01. 마인크래프트 에듀케이션, 로블록스, 제페토, 게더타운, 코스페이시스 에듀, 이프랜드
플랫폼을 비교 분석 해보자! ·· 116

<챕터12> 기타 메타버스 알아보기
02. VR챗 플랫폼을 알아보자! ·· 120
03. IAM 팝스쿨 수학 메타버스 플랫폼을 알아보자! ·················· 121
04. 가상 전시 플랫폼을 알아보자! ·· 122
05. 메타(페이스북)의 호라이즌 워크룸을 알아보자! ·················· 126
06. 마이크로소프트의 메쉬를 알아보자! ···································· 130

메타버스
플랫폼 분석,
전격 공개!

메타버스 플랫폼 분석, 전격 공개!
구글 슬라이드

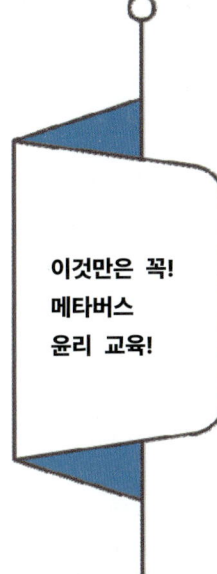

이것만은 꼭!
메타버스
윤리 교육!

<챕터13> 메타버스 윤리 교육 준비하기

01. 메타버스 윤리를 알아보자! ·· 136
02. 메타버스 윤리 교육의 필요성을 알아보자! ····························· 137
03. 메타버스 윤리 문제를 알아보자! ·· 144
04. 메타버스 문제 해결을 위한 노력을 알아보자! ························ 145

<챕터14> 메타버스 윤리 교육하기

05. 메타버스 윤리 교육 방법을 알아보자! ···································· 149
06. 메타버스 교육의 장점을 알아보자! ·· 150
07. 메타버스 교육의 선행조건을 알아보자! ·································· 152

 이것만은 꼭! 메타버스 윤리 교육!
구글 슬라이드

메타버스 교육백서 시리즈

1권 메타버스, 교육과 만나다

- 아이들의 [오늘]에 [내일]을 선물해주세요.
- 메타버스 시대, 우리는 무엇을 준비해야 할까요?

2권 메타버스, 공간과 만나다

- eye-opening! 아이들에게 새로운 경험을 선사해주세요.
- VR, AR, 코스페이시스 에듀와 함께 머떼 세상을 꿈꿔볼까요?

3권 메타버스, 게임과 만나다

- 교실만이 교육공간일까요?
아이들이 있는 곳으로 함께 들어가볼까요?
- 게임리터러시 교육, 이 책으로 꽃 피워볼까요?

4권 메타버스, 플랫폼과 만나다

- 제페토, 이프랜드, 게더타운 등 메타버스 플랫폼 전성시대!
- 비대면 교육의 갈피를 살피다. 메타버스 플랫폼을 만나다!

메타버스 교육백서 도서구입 후 혜택

공부하자.com 카페의 출판 시리즈 메타버스 교육백서 게시판에 구글 슬라이드와 유튜브 영상들이 있고, 권별로, 또는 단원별로 볼 수 있다. 책을 구입한 것을 가지고 사진과 함께 **등업요청 게시판**에 올리시면 인증을 해줍니다.

상상을 현실로!
새로운 세상, 메타버스!

METAVERSE

CHAPTER 01

메타버스 알아보기

01. 메타버스 시작을 알아보자!
02. 메타버스 개념을 알아보자!
03. 메타버스 특성을 알아보자!
04. 메타버스 유형을 알아보자!

01 메타버스 시작을 알아보자!

2020년 말부터 신문이나 뉴스를 통해 메타버스라는 말을 자주 듣게 되었습니다. 이 메타버스는 사회, 경제, 문화, 교육 등의 분야에서 그 영향력을 빠르게 확장하고 있습니다.

'메타버스'는 1992년 출간된 미국의 SF 작가 닐 스티븐슨의 소설 『스노 크래시』에서 가장 먼저 등장합니다. 닐 스티븐슨은 이 소설에서 메타버스뿐 아니라 '아바타'라는 단어도 가장 먼저 사용하였습니다. 스노 크래시의 등장인물은 '아바타'라는 가상의 신체를 빌려야만 가상 세계인 '메타버스'로 들어갈 수 있습니다.

*출처: yes4.com
http://www.yes24.com/Product/Viewer/Preview/102087024

소설의 주인공은 현실에선 피자를 배달하는 신세이지만, 메타버스에서는 뛰어난 검객이자 해커가 됩니다. 그는 메타버스 안에서 확산하는 신종 마약 '스노 크래시'가 아바타의 현실세계 주인인 사용자의 뇌를 망가뜨린다는 사실을 알고 이를 막기 위해 노력하는 내용입니다.

영화로 가상 현실세계를 실감 나게 표현하기도 하였습니다. 대표적인 영화로는 『레디 플레이어 원』

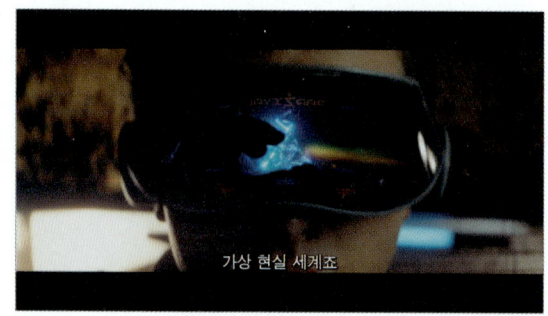

*출처: [레디 플레이어 원] 메인 예고편
https://youtu.be/FiCyZUt3uz0

이 있습니다. 이 영화는 메타버스를 시각적으로 잘 표현하고 있습니다. 영화의 배경인 오아시스는 상상이 현실이 되는 곳으로, 무엇이든 할 수 있고, 누구든 될 수 있는 가상 현실세계입니다. 또 다른 영화로는 『트론:새로운 시작』이 있습니다. 영화의 가상 현실세계는 '트론'으로 불리며, 컴퓨터 속 디지털 세상을 가상 세계로 잘 표현하였습니다.

02 메타버스 개념을 알아보자!

메타버스의 사전적 정의를 살펴보면 가공, 추상을 의미하는 메타(Meta)와 현실세계를 의미하는 유니버스(Universe)의 합성어로 3차원의 가상 세계를 의미합니다. 메타버스가 가상세계의 일종이라는 인식 역시 여기서 출발합니다. 정보통신용어 사전에서는 메타버스를 아바타(avatar)를 통해 실제 현실과 같은 사회, 경제, 교육, 문화, 과학 기술 활동을 할 수 있는 3차원 공간 플랫폼이라고 정의합니다. 국립국어원은 최근 메타버스를 대체할 쉬운 우리말로 '확장 가상 세계'를 제안합니다.

메타버스는 일반적으로 현실과 가상의 경계가 희미해진 세계 혹은 공간으로 알려져 있습니다. 쉽게 말해서 인간의 아바타와 소프트웨어, 즉 인공지능이 만들어낸 가상 캐릭터가 섞여서 살아가는 가상의 공간이라고 할 수 있습니다. 그러나, 가상 세계와 메타버스는 다릅니다. 메타버스와 가상 세계의 가장 큰 차이점은 바로 '소통'입니다. 가상 세계는 다양한 가상현실 상황을 1인칭 시점으로 체험할 수 있다면, 메타버스는 같은 가상현실에서도 다른 사람들과의 소통이 가능한 것이 특징입니다. 단순한 가상 공간이 아니라 가상과 현실이 상호작용하고 현실에 훨씬 가까운 사이버 세상을 말합니다.

지금까지의 가상 세계가 제작자가 만든 다양한 아이템을 구입하는 소비 중심이었다면, 메타버스에서는 아이템을 만들어 돈을 벌 수 있고, 기업은 브랜드 홍보도 할 수 있습니다. 따라서 메타버스는 생산자와 소비자의 역할을 다 하거나 어느 하나를 선택할 수 있다는 차이점이 있습니다.

현재 메타버스에 대한 학술적 정의는 명확하게 성립되지 않은 상태입니다. 그러나 가상세계라는 공간 혹은 세상이라는 공통된 표현으로 현실의 나를 대리하는 아바타를 통해 일상 활동과 경제생활을 영위하는 3D 기반의 가상세계라고 정의하기도 하고, 스마트폰, 컴퓨터, 인터넷 등 디지털 미디어에 담긴 새로운 세상, 디지털화된 지구라고 정의하기도 합니다. 그리고, 디지털과 현실에 불문하고 특정 애플리케이션이나 장소에 얽매이지 않는 플랫폼이라고 정의하기도 합니다.

정의	출처
현실의 나를 대리하는 아바타를 통해 일상 활동과 경제생활을 영위하는 3D 기반의 가상세계	고선영 외, 2021
스마트폰, 컴퓨터, 인터넷 등 디지털 미디어에 담긴 새로운 세상, 디지털화된 지구	김상균, 2021
컴퓨터 기반의 대리인을 사용한 몰입형 상호작용의 공간	류지헌, 2021
가상과 현실이 상호작용하고 공진화하고 그 속에서 사회 경제 문화 활동이 이루어지면서 가치를 창출하는 세상	이승환, 2021
현실과 가상의 상호작용을 통해 공진화하고 새로운 산업, 사회, 문화적 가치를 창출하는 세상	한상열, 2021
물리적 현실과 가상 공간의 융합으로 만들어진 다차원 3D 가상 공간과 컴퓨팅 인프라	ASF, 2007
디지털과 현실에 불문하고 특정 애플리케이션이나 장소에 얽매이지 않는 플랫폼	Rev Lebaredian, 2021 (출처: NVIDIA)

*출처: 교육공학자 말하는 메타버스

여러 관점과 연구자들이 제시한 키워드를 종합하여, 한 연구자가 교육 분야에서의 메타버스를 '아바타를 기반으로 한 현실과 가상세계가 공존하는 디지털 세상에서 상호작용이 강화된 학습'이라고 정의하였습니다.

사실, 메타버스의 모습은 지금 이 순간에도 끊임없이 진화하고 있기 때문에 하나의 고정된 개념으로 단정하기는 어려운 상태입니다. 그러나, 메타버스가 무엇인가를 초월한 세계라는 뜻에는 여전히 변함이 없습니다. 그렇다고 무조건 현실을 초월한 것만이 메타버스는 아닙니다. 현실에 발을 딛고, 가상의 요소와 결합해 만들어진 새로운 세계가 바로 메타버스입니다. 또한, 메타버스는 단순한 가상공간이 아닌 고도화한 실감기술을 매개로 현실세계와 가상세계가 적극적으로 상호작용하는 과정에서 생긴 제 3의 세계이자 상호작용하는 방식 그 자체입니다.

03 메타버스 특성을 알아보자!

메타버스의 특징은 '3D 인터넷', '아바타', '일상과 경제활동' 등 메타버스 정의에서 잘 드러납니다. 하지만 메타버스 패러다임이 사회 전반에 아직 널리 퍼지지 않았기 때문에 여전히 많은 사람이 메타버스를 모바일 앱 혹은 플랫폼 서비스와 혼동하거나 VR 게임 정도로 인식하는 경향이 있습니다. 기존 플랫폼 서비스나 VR 등의 실감형 콘텐츠와 차별화되는 메타버스만의 고유 특징을 대한 정보처리 학회지에서 5가지, '5C'로 규정하였습니다.

첫째, Canon(세계관)입니다. 메타버스에는 '세계관' 사상이 담겨있습니다. 메타버스의 시공간은 설계자와 참여자들에 의해 채워지며 확장해 나갑니다. 메타버스의 주 이용층인 디지털 세대는 콘텐츠나 서비스를 설계자가 의도한 목적대로만 소비하는 수동적 사용자가 아니라 같이 즐기고 경험할 수 있는 판을 깔고 그 콘텐츠를 취향대로 소비하고 생산하고 확산까지 하는 능동적 사용자입니다. 이런 능동적 사용자들은 메타버스에서 세계관을 형성하여 콘텐츠를 생산하며 공유하고 즐깁니다.

둘째, Creator(창작자)입니다. 메타버스에서는 누구나(AI조차도) 콘텐츠 창작자가 될 수 있습니다. 메타버스는 3D 디지털 콘텐츠로 구성된 세상이며 그 세계를 누구나 확장할 수 있기 때문에 참여자가 자발적으로 세계를 구축하는 창작자이자 동시에 이용자가 됩니다. 공간(맵), 게임, 블로그, 사진·영상 촬영, 아바타 의상 제작, 실감 콘텐츠 제작 등 창작물을 무한히 생산할 수 있습니다.

셋째, Currency(디지털 통화)입니다. 메타버스 안에서는 생산과 소비가 가능하고, 가치를 저장·교환하기 위한 디지털 화폐가 통용됩니다. 현재는 메타버스 안에서만 통용되는 사이버머니 성격에 가깝지만 머지않아 가상세계에서의 통화로서 그 역할을 다함은 물론이고 달러화 같은 기축 통화나 금, 은과 같은 실물 자산 등과도 교환이 가능할 것으로 예상합니다.

넷째, Continuity(일상의 연장)입니다. 다시 말해, 메타버스에서 친구를 만나고, 쇼핑하고, 학교에 가고, 회사에서 회의하는 등의 일상, 여가, 경제활동이 단발성 행위나 일회성 체험에 그치지 않고 지속적인 인생 여정처럼 진행된다는 것입니다. 현실세계가 진짜 내가 살아온 나날의 축척이라면 메타버스 또한 아바타가 보낸 나날의 축적이 됩니다. 심지어 현실의 나와 메타버스의 아바타가 상호 작용한 결과도 일상의 결과로 반영될 수 있습니다.

다섯째, Connectivity(연결)입니다. 메타버스는 시공간을 연결하고, 서로 다른 메타버스 세계를 연결하고, 사람과 사람(아바타)을 연결하고, 현실과 가상을 연결합니다. 시공간을 초월해 인류가 쌓은 지식을 공유하고 정보를 나눌 수 있습니다. 그 결과 새로운 연결의 힘을 토대로 또 다른 세계를 창조하고 확장해 나갈 수 있습니다.

04 메타버스 유형을 알아보자!

기술 연구 단체인 ASF에서 메타버스를 기술의 적용 형태(증강/시뮬레이션)와 대상의 지향 범위(사적-개인/외적-환경)의 2가지 축으로 구분하고 있습니다. 메타버스는 이 두 가지 축을 바탕으로 증강현실(Augmented Reality), 라이프로깅(Lifelogging), 거울세계(Mirror Worlds), 가상세계(Virtual Worlds)의 4가지 유형으로 분류할 수 있습니다.

	증강		
외적인	(현실과 가상을 결합한) 증강현실	(인생 기록 공간) 라이프로깅	사적인
	(현실을 복제한) 거울 세계	(창조된) 가상세계	
	시뮬레이션		

외적인 기술은 이용자를 둘러싸고 있는 바깥 세계에 대한 정보와 통제력을 제공하는 기술을 말합니다. 이용자는 현실에 있고, 메타버스 기술을 통해 현실세계의 사물 조작이나 환경 변화를 불러오는 기술입니다. 영화 『마이너리티 리포트』에서 주인공이 허공에 손을 휘젓는 것만으로 컴퓨터

를 조작하는 장면을 생각하면 됩니다.

사적인 기술은 메타버스 세상에 접속할 이용자의 정체성에 초점을 둔 기술입니다. 이용자 자신의 모습을 메타버스 상에 어떻게 구현하는지에 대한 기술에 초점이 맞춰져 있습니다. 아바타를 생각하시면 됩니다.

증강은 이용자가 인식하는 물리적 환경, 즉 현실세계 위로 새로운 제어, 정보를 쌓아 올리는 기술입니다. 증강은 현실을 배경으로 한다는 점이 중요합니다. 영화『아이언맨』에서 눈앞 모니터에 적의 정보와 적이 이용하는 무기의 정보가 자세히 출력되는 슈트 헬멧을 생각하면 됩니다.

시뮬레이션은 단어 그대로 시뮬레이션을 위한 공간을 만드는 기술입니다. 이용자를 비롯한 메타버스의 구성 요소들이 상호작용을 위한 완전한 가상의 공간을 만들어내는 기술입니다. 현실의 물리적 상호와는 전혀 상관없는 새로운 세상입니다. 영화『레디 플레이어 원』의 가상현실인 오아시스를 생각하면 됩니다.

04.01. 증강현실

증강현실은 2D나 3D로 표현되는 가상 물체나 인터페이스가 실제 세계와 겹쳐지게 하여 상호 작용이 가능한 환경을 구축하는 것을 말합니다. 즉, 현실 공간에 가상의 물체를 겹쳐 보이게 하면서 상호작용을 하는 환경을 의미하며 현실세계에 효과를 입혀서 특수성과 편리, 새로움을 만드는 기술입니다. 이러한 유형의 기술을 통해 구현되는 것이 바로 AR입니다. 스마트폰 앱으로 가상현실 속 포켓몬을 잡는 '포켓몬Go' 게임이나 가상과 현실을 구분하기 힘든 생생한 증강현실 속 게임을 보여주는 드라마 '알함브라 궁전의 추억' 등이 이를 잘 보여주고 있습니다.

증강현실과 관련된 대표적인 교육 사례로는 AR book, AR 활용 시뮬레이션, 위치 기반 교육 콘텐츠 등이 있습니다.

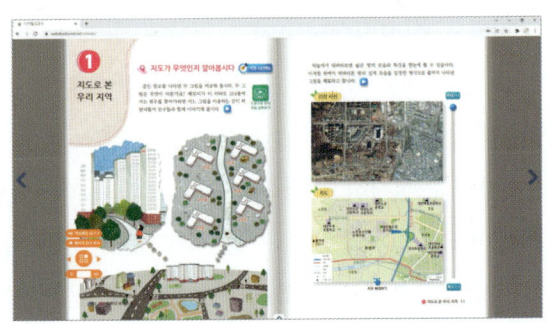

*출처: 디지털교과서
https://webdt.edunet.net/viewer/

AR BOOK 이란 디지털 교과서를 의미합니다. 디지털 교과서는 기존 종이형 교과서에 멀티미디어 자료, 실감형 콘텐츠, 평가문항, 용어 사전 등 다양한 학습자료와 학습 지원, 관리 기능이 추가된 교과서를 말합니다. 특히, 디지털 교과서는 현재 초 중학교 사회와 과학 과목에 AR을 사용한 실감형 콘텐츠를 제공하고 있습니다. 이를 통해 학생들의 흥미와 적극적인 참여를 유도합니다.

AR 활용 시뮬레이션의 예로 사회 시간에 활용 가능한 등고선 관련 Landscapar 앱을 들 수 있습니다. Landscapar는 평면상에 그려진 등고선을 3차원 입체 영상으로 보여줍니다. 사회 또는 지리 수업에 해당 앱을 사용하여 등고선에 대한 개념을 이해시킬 수 있고, 학생들의 능동적인 참여를 통해 흥미를 끌어낼 수 있어 수업 도구로 사용되고 있습니다.

*출처:
https://play.google.com/store/apps/details?id=de.berlin.reality.augmented.landscapar&hl=ko&gl=US

최근 울산의 한 초등학교에는 가상 현실 스포츠실을 구축하여 초등학생의 체육수업에 활용하고 있습니다. 학생들은 가상현실 기기를 통해 다양한 체육활동에 참여할 수 있게 되었으며, 방과 후 활동, 동아리 활동 등 다양한 체육활동에 적극적으로 참여할 기회가 제공될 것입니다.

04.02. 라이프로깅

라이프로깅(Lifelogging)은 일상의 정보나 행동 방식 등 사용자의 실생활에서 일어나는 모든 순간을 텍스트나 이미지, 동영상 등으로 서버에 저장하고 이를 다른 사용자들과 함께 공유하는 것을 말합니다. 한 마디로 일상을 온라인으로 공유하는 것을 의미하며, 사물과 사람에 대한 일상적인 경험을 캡처하고 저장하며 묘사하는 기술입니다. SNS에 사진을 올리거나 '블로그'에 일기를 작성하고, '인터넷 라이브'를 시청하는 것 등 일상에서 흔히 이루어지고 있는 일들이기도 합니다. 또, 센서가 부착된 스포츠 웨어를 입고 움직임을 저장한 후 사용자들과 경험을 공유하기도 합니다. 이러한 다양한 포스팅과 피드백을 통해 새로운 정보를 얻을 수 있습니다.
라이프로깅과 관련된 대표적인 교육 사례로는 코로나19로 인해 많이 사용하게 된 LMS(Learn-

ing Management System)가 있습니다. LMS는 학습관리 시스템으로 각종 학습 관련 데이터를 자동으로 기록합니다. 이러한 기록을 통해 온라인 콘텐츠를 얼마 동안, 얼마나 자주 학습하였는지, 누구와 어떤 메시지를 주고받았는지, 학습 과제를 언제 제출하였는지, 토론 게시판에서 다른 학습자들과 어떠한 상호작용을 하였는지 알 수 있습니다. 특히 사회적 거리 두기 때문에 비대면 온라인 학습이 증가하면서 지금 이 시각에도 다량의 학습 데이터가 학습 플랫폼에 누적되는 중입니다.

LMS의 대표적인 예로 클래스팅 AI와 하이클래스를 말할 수 있습니다. 클래스팅 AI는 온라인 학급 커뮤니티 애플리케이션으로 교육용 SNS라 할 수 있습니다. 하이클래스는 교사와 학부모 간 소통을 위한 온라인 교육 플랫폼으로 학급 운영에 필요한 알림장, 게시판 기능에 더해서 하이콜, 하이톡 등의 커뮤니케이션 서비스도 제공해 주고 있는 것이 특징입니다.

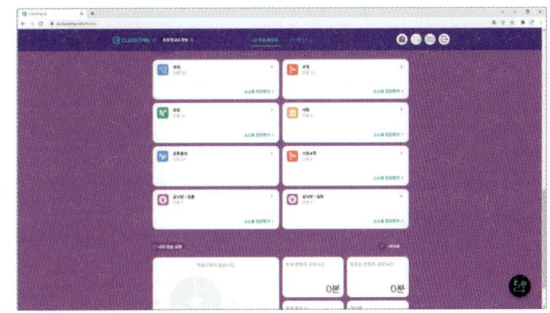

*출처: https://ai.classting.com/home

04.03. 거울세계

거울세계(Mirror Worlds)는 실제적인 현실의 모습이나 정보, 구조 등을 그대로 가져가서 복사하듯 만들어낸 것을 말합니다. 즉, 현실세계를 거울에 비추듯 사실적으로 반영해서 가상의 공간을 온라인에 만들어 놓는 것입니다. 메타버스 하면 전형적으로 떠오르는 이미지이기도 합니다. 대표적인 거울 세계인 '구글어스'는 전 세계의 위성 사진을 수집하고 업데이트하면서 변화하는 현실세계를 반영합니다. 또, 음식 주문배달 앱, 숙소 예약 서비스 앱, 원격 수업 및 회의를 위한 앱 등은 현실에 있는 공간을 데이터로 만들어 디지털로 구현한 것입니다. 기술이 진보할수록 거울 세계는 점차 현실에 가까워지고, 이를 통해 사용자들은 현실의 정보를 편리하게

*출처: https://www.google.co.kr/intl/ko/earth/

얻을 수 있습니다.

거울 세계를 이용한 교육 사례로는 구글어스, 줌, 구글 미트, 팀즈, 게더타운, 마인크래프트 등과 같은 가상의 교육 공간 사례 등이 있습니다.

04.04. 가상세계

가상세계(Virtual Worlds)는 현실과는 다른 공간이나 시대, 문화적 배경, 등장인물, 사회 제도 등을 가상세계에 디자인해 놓고 그 안에서 살아가는 것을 말합니다. 다시 말해 현실에 존재하지 않는 세상을 온라인에 만들어내는 것입니다.

가상세계에서는 자신의 본래 모습이 아닌 아바타를 통해 완전히 새로운 세계에서 활동하게 됩니다. 이를 통해 가상세계에서만 누릴 수 있는 탐험, 소통, 성취의 기쁨을 현실세계와 비교하여 더욱 효율적으로 경험할 수 있습니다. 가상의 공간에서 실제 몸을 움직이기도 하고 무엇을 만지기도 하며, 그 안에서 일상적인 경제 활동이 이루어진다는 점에서 가상세계는 좁은 의미의 메타버스로도 불립니다.

*출처: https://play.google.com/store/apps/details?id=me.zepeto.main&hl=ko&gl=US

현재는 주로 온라인 게임 콘텐츠로 구현되고 있으며, 최근에는 기업들과의 다양한 콜라보를 통해 홍보의 장으로도 활용되고 있습니다. 국내의 대표적인 플랫폼으로는 제페토가 있습니다.

메타버스의 4가지 유형 중 가장 활발하게 교육에 적용되어 사용되고 있는 기술이 바로 가상세계입니다. 특히 최근 비대면, 비접촉 시대의 교육에서 거리나 공간에 상관없이 어디에서나 접속할 수 있는 가상세계의 활용도는 매우 높습니다.

지금까지 메타버스의 4가지 유형을 살펴보면서 많은 것을 알게 되었습니다. 메타버스는 현실세계가 가상현실에 의해 증강되거나, 현실세계가 가상세계에 연결되거나, 현실세계가 가상현실에 복제되거나, 가상현실이 또 다른 세계가 되는 공간으로 정리할 수 있습니다. 앞서 살펴본 메타버스의 유형별 특징과 교육적 시사점을 표를 통해 알아보겠습니다.

구분	기술적 특징	교육적 시사점
증강현실	-현실세계에 가상의 물체를 덧씌워서 대상을 입체적이고 실감 나게 함. -현실에 판타지를 더함 -정보를 효과적으로 강조하여 제시, 편의성 도모	-가상의 디지털 정보를 통해 실제 보이지 않는 부분을 시각적, 입체적으로 학습, 효과적으로 문제 해결 -직접 관찰이 어렵거나 텍스트로 설명하기 어려운 내용을 심층적으로 이해하고, 학습자 스스로 체험을 통해 지식을 구성해 나갈 수 있음. -학습 맥락에 몰입된 상태에서 읽고, 쓰고, 말하는 등의 상호작용 경험 가능
라이프로깅	-자신의 일상과 생각이 생산적으로 콘텐츠화 되고 공유됨 -네트워크 기술로 온라인상에서 타인과 관계를 형성하고, 빠르게 소통하며, 각종 소셜 활동이 기록됨 -사물인터넷과 웨어러블 기기의 각종 센서를 통해 개인의 활동 정보가 누적·분석	-자신의 일상을 돌아보고 성찰하며, 적절한 방향으로 정보를 표현하고 구현하는 능력 향상, 타인의 피드백이 강화와 보상으로 연결 -학습과 관련된 분석 데이터를 바탕으로 학습을 성찰하고 개선 -교사는 학생들의 학습 로그 데이터를 바탕으로 맞춤화된 방향으로 학습을 촉진하고 적절한 지원 가능
거울세계	-GPS와 네트워킹 기술의 결합으로 현실세계 확장 -특정 목적을 위하여 현실세계의 모습을 거울에 비춘 듯 가상의 세계 구현 -현실세계를 효율적으로 확장하여 재미와 놀이, 관리와 운영의 융통성, 집단 지성 증대	-교수학습의 공간적 물리적 한계성을 극복하고 거울세계의 메타버스 안에서 학습이 이루어짐 -거울세계를 통해 학습자들은 만들면서 학습하기를 실현할 수 있음.
가상세계	-현실과는 다르게 디자인된 공간, 시대, 문화, 인물들 속에서 아바타로 활동 -정교한 컴퓨터 그래픽, 특히 3D 기술로 구현된 가상환경에서 사용자가 다양한 게임을 즐김	-고비용, 고위험 문제로 연출하기 어려운 환경에서 가상 시뮬레이션을 통해 실습 가능 -현실에서 경험할 수 없는 시공간을 몰입적으로 체험 가능 -3D 가상세계 기반의 게임을 통해 전략적 종합적 사고력, 문제 해결력 향상, 현실세계에 필요한 능력 배움

현재 메타버스 4가지 유형들은 서로 간의 경계를 허물고 상호작용하며 새로운 형태의 융·복합 서비스로 진화 발전하고 있습니다. 또한 기술의 변화로 인해 메타버스 활용이 가속화되고 있습니다.

CHAPTER 02

생활 속 메타버스 찾아보기

05. 메타버스가 주목받는 이유를 알아보자!
06. 생활 속에서 메타버스를 만나보자!

05 메타버스가 주목받는 이유를 알아보자!

『스노 크래시』가 출간된 지 30년이 넘었습니다. 2020년 말부터 사람들이 메타버스에 주목하게 된 이유로 다음의 3가지를 떠올릴 수 있습니다.

05.01. 가상 융합 기술의 발전

현재에 와서 사람들이 메타버스에 주목하게 된 이유로 기술의 발전을 들 수 있습니다. 『스노 크래시』가 출간된 30년 전에는 현재와 같은 가상 융합 기술의 발전이 이루어지지 않아 책 속에 등장하는 가상현실 콘텐츠를 누릴 수 있는 환경이 구축되지 못했습니다.

그러나 현재는 빠른 속도로 기술 발전을 이루었고, AR과 VR, MR 등 기반 기술이 대폭 향상되면서 언제 어디서나 가상세계로 접근하는 것이 가능해졌습니다.

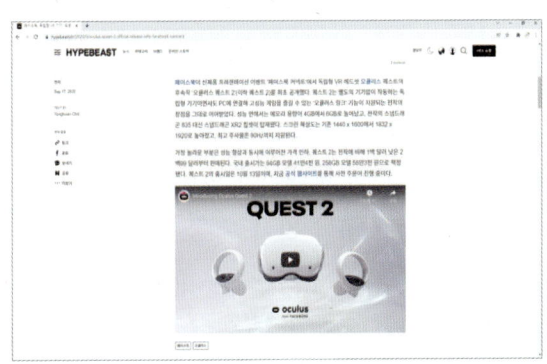

*출처:
https://hypebeast.kr/2020/9/oculus-quest-2-official-release-info-facebook-connect

05.02. 코로나19로 인한 비대면 문화의 확대

2019년 시작된 코로나19로 인해 사회적 거리 두기가 지속되면서 대면으로 진행되던 일상생활이 새로운 형태로 바뀌게 되었습니다. 비대면 생활 문화 형태가 만들어지고, '방구석 전시회', '온라인 콘서트' 등 온라인을 통한 비대면 문화가 확대되고 있습니다. 기업은 재택근무, 신규 직원 채용을 위한 온라인 설명회 등의 방식으로 적용하게 되었으며, 교육기관도 새로운 형태의 교육방식인 온라인 수업을 진행하게 되었습니다.

이러한 변화는 온라인 공간에 관한 관심을 높였으며, 지금까지와는 달리 온라인 공간에 3D 입체 영상 기술들을 활용하여 더욱 몰입감을 높여주는 콘텐츠를 제공하게 되었습니다.

*출처: https://youtu.be/WFI5EZr8c-g [TBS뉴스] 코로나 시대, 비대면 전시 각광…"친절한 소통형 콘텐츠 고민해야"

05.03. MZ세대의 출현

MZ 세대는 1981~2010년생(2021년 기준: 11~40세)을 의미합니다. 1981~1995년생을 일컫는 'M 세대(밀레니얼 세대)'와 1996~2010년생을 뜻하는 'Z세대'를 합한 것입니다. M 세대는 최초의 글로벌 세대이자 인터넷 시대에 성장한 첫 세대로 묘사되어 왔으며, 이 세대는 일반적으로 인터넷, 모바일 장치 및 소셜 미디어 등과 친숙합니다. Z세대는 어릴 때부터 인터넷과 휴대용 디지털 기술에 접근하여 성장한 최초의 세대입니다. 이러한 MZ 세대들은 놀이와 경험을 중시하며, 가상현실 속에서 아바타를 통해 사람들과 교류하는 새로운 풍속이 등장하면서 생활상이 변화하기 시작했습니다. 특히, 현실의 일상생활을 현실에 가깝게 경험할 수 있는 메타버스에 열광함에 따라 메타버스 사용자가 폭발적으로 증가하고 있습니다.

*출처:https://hypebeast.kr/2020/9/oculus-quest-2-official-release-info-facebook-connect

06 생활 속에서 메타버스를 만나보자!

초반에는 아바타를 이용한 게임 분야를 중심으로 발전하였습니다. 그러나 점차 더 넓은 분야로 확장되고 있습니다.

2020년 어린이날을 기념하여 청와대에서는 '마인크래프트'를 이용하여 가상 청와대를 만들고, 어린이들을 초대했습니다.

*출처: https://youtu.be/zS_waSdPktw
'가상 청와대'로 어린이 초청… 문 대통령 "우리 모두 영웅" / YTN

2021년 3월 순천향대학교 입학식이 메타버스 안에서 진행되었습니다. 신입생들은 각자의 집에서 입학식에 참여하였으며, 입학 동기들과 아바타로 만나 소통했습니다. 학생들은 메타버스를 활용한 대학교 입학식이라는 특별한 추억을 쌓게 되었습니다.

*출처: https://www.youtube.com/watch?v=1A559Hcr90g

건국대는 '메타버스' 형태로 'Kon-Tact 예술제'를 진행하였습니다. 건국대학교 가상공간 캠퍼스인 건국 유니버스를 구축해 학교 모습을 그대로 구축하였으며, 전시 및 공연, 방 탈출 등 각종 재미있는 요소도 경험할 수 있도록 구성되었습니다. 학생들은 자신의 아바타 캐릭터를 만들어 3차원 캠퍼스를 자유롭게 이동하였습니다.

*출처: https://www.youtube.com/watch?v=9zE_xP1m7rQ

최근에는 메타버스 공간에서 관광도 즐길 수 있게 되었습니다. 각 지역의 대표 명소를 메타버스 공간에 그대로 구현하여 아바타가 대신 관광합니다.

2020년 11월, 서울 한강공원을 온라인 가상공간에 구현하여, 강변 벚나무 밑에서 사진을 찍고, 뱃놀이를 즐기거나 남산 N 타워와 무지개 분수를 감상할 수 있었습니다.

105년 역사를 자랑하는 부산 1호 근대 도심 공원인 용두산공원도 메타버스를 활용한 첨단 공원으로 새로 단장하였습니다. 방문객은 가상

*출처: https://youtu.be/PaSKuCipBSs
가상공간 메타버스로 관광위기 돌파 / KBS 2021.08.09.

공간에서 소통하며, 한 곳에서 부산의 여러 관광지를 두루 여행할 수 있습니다. 2021년 전북 전주 한옥마을과 전주역 앞 첫마중길 등 전주의 주요 관광명소를 제페토 플랫폼을 활용해서 체험할 수 있었습니다.

최근 여러 가수들이 메타버스 공간에서 쇼케이스와 팬 사인회 등도 진행하였습니다. 코로나19로 공연이나 팬사인회가 줄줄이 취소된 2020년에 '제페토'에서 블랙핑크 가상 팬 사인회가 열려 많은 팬이 함께 참여하였습니다.

참고문헌

나의 첫 메타버스 수업, 메이트북스, 이재원 저

교육공학자가 말하는 메타버스, 유비온, 김보은, 김민지 저

게더타운 사용법 메타버스 시대 살아가기 1 [PDF], 디즈비즈북스, 노진경 저

메타버스의 교육적 활용: 가능성과 한계, 한국교육학술정보원, 계보경(한국교육학술정보원), 한나라(한국교육학술정보원), 김은지(한국교육학술정보원), 박연정(호남대학교), 조소영(한국교육학술정보원)

메타버스의 개념롸 발전 방향, 고선영 외 3인, Korea Science

'메타버스·아바타' 개념 낳은 소설 '스노 크래시'_이승우기자 (https://www.yna.co.kr/view/AKR20210614124300005), 연합뉴스

http://word.tta.or.kr/main.do, 정보통신용어사전

효성FMS 뉴스룸 https://www.hyosungfms.com/fms/promote/fms_news_view.do?id_boards=13645

https://problem-solving.tistory.com/14 [데이터 사이언스, 문제 해결], 메타버스 4가지 유형에 대한 정의와 관련 기업들

CIVIC뉴스, http://www.civicnews.com/news/articleView.html?idxno=31752

https://youtu.be/FXTPF-0gmOk, 트론 새로운 시작: 예고편

https://youtu.be/9mn4seqI8Vs, 매트릭스 예고편

https://youtu.be/FiCyZUt3uz0, 레디 플레이어 예고편

https://youtu.be/Lk92k_k1HMA, 청와대 공식 유튜브

https://youtu.be/1A559Hcr90g, 순천향 대학교 입학식 영상

https://youtu.be/9zE_xP1m7rQ, 건국대학교 예술제 영상

https://youtu.be/PaSKuCipBSs, 가상공간 메타버스로 관광위기 돌파 / KBS 2021.08.09.

메타버스가 바꿀 미래
모습은?!

CHAPTER 03

메타버스와 산업 알아보기

01. 메타버스 세계의 하루를 알아보자!
02. 메타버스 관련 산업을 알아보자!
03. 메타버스 경제를 알아보자!

01 메타버스 세계의 하루를 알아보자!

메타버스가 실제로 우리 삶에 깊숙이 녹아들면 어떤 일까지 가능할까요? 2030년, 고등학교 2학년 학생인 지우의 삶을 상상해 봅시다.

오전 일곱 시 삼십 분, 침대에서 눈을 뜬 지우는 조금 늦었지만 옷을 갈아입고 밖으로 나갑니다. 밖으로 나오니 미리 예약해 둔 자율주행 자동차가 집 앞에 대기하고 있습니다. 차에 탄 지우는 옆자리에 앉아 있는 아버지의 아바타를 발견하고 인사합니다. 지우는 일찍 일어나 먼저 출근하는 중인 아버지와 오늘 학교에서 있을 일들에 대해 대화를 나눕니다.

학교에 도착한 지우에게 주어진 자습 시간. 태블릿을 이용해 공부를 하던 지우는 모르는 문제가 생기자 앱을 이용해 도우미를 부릅니다. "이 문제 좀 도와줄 수 있어?" 도우미는 문제를 읽더니 이야기합니다. "아닌 것을 골라야 하는데 왜 맞는 걸 고르려고 해?" 큰 깨달음을 얻은 지우는 도우미 캐릭터에게 인사하고 다음 문제를 풉니다.

다음 시간은 자유 학점제로 선택한 한국사 시간입니다. 지우는 여러 커리큘럼을 비교하고, 자신이 마음에 드는 강의를 골랐습니다. 학교에 비치된 고글을 착용한 지우는 가상 강의실로 입장합니다. 새롭게 꾸며진 강의실의 모습에 잠깐 놀란 지우는 이번 학기에 친해진 다른 지역의 친구와 인사하고 자리에 앉습니다. 오늘은 토론 수업이 있는 날입니다. 토론을 위해 선생님이 미리 준비해 주신 과제로 인해 어느새 바뀌어 있는 원형 테이블에 앉아 친구들과 의견을 교환했습니다.

하교 후 집으로 돌아온 지우는 냉장고를 열고 저녁 메뉴를 고민합니다. 요즘 유명한 마늘 볶음밥을 검색하자 조리대 위에 자세한 정보가 떠오릅니다. 도마 위에 재료를 올려놓자 어떻게 잘라야 하는지 재료 위에 빛이 투영되고, 정확한 볶기 시간을 알려주어 지우는 혼자서도 맛있는 요리를 완성합니다. 혼자 먹기 적적한 지우는 고글을 쓰고 친구들이 모여 있는 가상 라운지에 입장합니다. 삼삼오오 모여든 친구들은 저녁을 먹으며, 혹은 음료를 마시며 서로 옆에 있는 것처럼 대화를 나눕니다.

식사를 마친 지우는 산책을 해야겠다고 생각합니다. 미세먼지 때문에 밖에 나갈 수 없는 지우는 간단하게 고글을 쓰고 러닝머신 위로 올라갑니다. 순식간에 공원의 모습으로 바뀐 주변을 잠시 돌아본 지우는 오늘 있었던 일들을 생각하며 산책길로 올라섭니다.

위와 같은 미래가 비현실적으로 생각될 수도 있지만, 이미 기술은 빠르게 발전하고 있습니다. 20년 전, 아니 10년 전까지만 해도 스마트폰이 없이 하루도 살아가지 못할 현재 우리의 모습을 그려내지는 못했을 것입니다. 메타버스도 마찬가지입니다. 어느 순간 성큼 다가올 메타버스 세계가 우리의 삶에 어떤 영향을 미치게 될지 함께 알아보겠습니다.

02 메타버스 관련 산업을 알아보자!

메타버스가 교육에 활용될 분야가 무궁무진한 만큼 다른 분야도 마찬가지입니다. 교육 분야에 대해서는 다음에 상세히 살펴보도록 하겠습니다. 지금은 헬스케어, 의료, 유통 분야에 대해 살펴보도록 하겠습니다.

02.01. 헬스케어

메타버스 기술을 활용한 헬스케어 산업의 발전이 활발히 이루어지고 있습니다. 미국의 VR 앱 슈퍼내추럴은 메타(구 페이스북)의 오큘러스2와 같은 VR 헤드셋을 쓰고 집에서 운동을 할 수 있는 콘텐츠를 구독 형태로 제공하고 있습니다. 슈퍼내추럴은 바다와 사막 등 다양한 VR 환경 안에서 강사의 1:1 코칭을 받으며 컨트롤러를 이용해 날아오는 여러 색깔의 구슬을 맞혀 격파하면서 전신 운동을 하는 프로그램입니다. 운동이 끝나면 운동 강도 및 이제까지 한 운동량 등을 확인할 수 있습니다. 이 게임을 개발한 위딘 팀은 최근 페이스북이 사명을 바꾼 '메타'에 인수되며 앞으로 VR을 이용한 피트니스의 무궁무진한 발전 가능성에 대해 주목하게 되는 계기가 되었습니다. 닌텐도의 피트니스 게임 링피트나 유비소프트의 저스트댄스 같은 게임이 메타버스의 가상현실 세상으로 들어오면 더 실감 나는 운동이 가능할 것입니다.

VR 기기를 이용해 치매를 진단하고 예방하는 기술도 개발되고 있습니다. 이용자의 시선과 뇌파 등 생체신호를 AI로 분석하는 기술을 이용하는 것입니다. VR 헤드셋을 이용해 VR 콘텐츠를 사용하는 사람들의 정신질환 여부를 판단하고, 노년층의 치매 위험 정도를 파악해 이들이 적절한 치료를 받을 수 있도록 안내하는 것입니다. 메타버스 속에서 노인은 바닷가의 새들 중 까마귀를 골라 총을 쏘는 게임을 하기도 하고, 여러 상자 중 빛났던 상자의 순서를 기억해 다시 순서대로 표시하기도 합니다. 이렇듯 인지 기능 게임과 인지 능력 테스트를 통해 기억력을 활성화시켜 전두엽을 자극함으로써 치매를 예방, 선제 진단할 수 있다고 합니다.

또한 메타버스 VR 공간 안에서 노인이 모여 클리닉처럼 그림 그리고, 우울증이나 중독 치료를 할 수도 있습니다. 신종 코로나 바이러스 감염증(코로나19)으로 인해 병원이나 클리닉에 가는 것이 더 어려워졌기 때문에, 집에서도 환자가 자체적으로 가상 현실에서 홈 케어링을 할 수 있도록 하는 것입니다. 당장 병원에 가기 어려운 사람들이 가상 공간에서 컨트롤러를 활용해 팔다리를 지시에 따라 움직이며 간단한 재활 치료 등 운동을 하고, 치매 예방 게임을 하는 등의 기회를 제공할 수 있습니다.[1]

02.02. 의료

메타버스는 의료현장의 한계를 극복할 수 있다는 점에서 미래 핵심 산업으로 떠오르고 있습니다. 병원에서 다양한 임상적 판단이 필요할 때 가상 증강현실로 제공되는 정보를 활용, 판단의 정확성을 높이고 환자안전을 보장하기 위한 수단으로 사용할 수 있기 때문입니다. 이미 의과대학이나 대형병원은 메타버스 수술 실습을 도입하고 있습니다. 수술 실패의 위험과 부작용 없이 원하는 만큼 수술 전 시뮬레이션 작업을 실행할 수 있기 때문입니다. 경제적, 윤리적인 이유로 실습이 자유롭지 않은 부분에서 메타버스를 통해 예비 의료인 양성에 도움을 줄 수 있는 것입니다. 메타버스가 의료계에서 각광받으면서 규제에 발목 잡혔던 원격의료 등도 미래에는 가능해질지도 모릅니다.[2] 메타버스 속 병원에서 진료를 받을 수 있는 것이죠. 현재는 '의료법 제33조 1항'과 '제34조 1항'에 원격진료에 대한 규정이 없어 환자와 의사 사이에 원격진료가 금지된 상황[3]입니다만, 메타버스가 생활 속으로 깊이 들어오게 된다면 건강에 이상이 있을 때 메타버스 속 병원을 방문하

---

1) https://biz.chosun.com/it-science/ict/2021/05/15/25JGUFB5JZC2JOXFCHOY4QOX4E/
2) http://it.chosun.com/site/data/html_dir/2021/08/09/2021080901701.html
3) http://www.k-health.com

게 될 수도 있겠습니다.

02.03. 유통

CU 편의점은 네이버 '제페토'에 'CU 제페토 한강공원점' 매장을 오픈했습니다. 이용자는 서울 반포 한강공원을 그대로 옮겨 놓은 가상현실세계에서 CU 자체 브랜드를 비롯해 즉석조리 라면을 즐길 수 있습니다. 빙그레의 경우 SKT '이프랜드'에서 신제품의 랜선 파티를 진행했습니다. 롯데홈쇼핑은 '메타버스 쇼핑 플랫폼'을 구축할 예정입니다. 고객이 자신의 아바타를 통해 쇼호스트와 실시간으로 소통하며 쇼핑하도록 하는 것입니다.

서용구 숙명여대 교수는 "오프라인 업계가 이커머스에 밀리면서 허탈감과 미래에 대한 불안으로 시장 가능성을 찾아 또 하나의 세계를 여는 것"이라며 "앞으로 유통가는 온라인, 오프라인, 메타버스 이 세 개의 세계가 유기적으로 존재할 전망이다"라고 설명했습니다.

전통적인 현실세계의 쇼핑은 인터넷 쇼핑에 비해서 어려운 점들이 많습니다. 온라인 및 모바일 쇼핑의 성장이 가속화되면서 오프라인 특화 업계는 어려움을 겪어왔습니다. 백화점, 아울렛, 대형마트 등 오프라인 매장의 비싼 자릿값, 운영비 때문이죠. 오프라인 특화 업계는 온라인 시장을 확대하는 동시에 오프라인 활성화 전략을 꾀하고 있지만, 온라인 시장 및 모바일 시장은 계속해서 성장 중이라서 전통적인 방법만으로는 앞으로도 온라인 매장을 따라잡기 어려워 보입니다.

그러나 메타버스 세상이라면 어떨까요? 메타버스 세계 안에서 오프라인 매장에서 쇼핑하는 것과 같은 경험을 제공한다면 사람들은 메타버스 세계 안에서 기꺼이 소비를 할 것입니다. 메타버스 플랫폼을 구축하는 데에 많은 비용이 든다고 하지만, 이미 기업들은 오프라인 매장을 위해서도 많은 비용을 지불해 왔습니다.[4] 백화점, 아울렛, 대형마트와 같은 오프라인 매장은 건물을 지을 부지, 건설 비용, 매장 직원 운영 등 수백억 원에서 수천억 원이 소요됩니다. 예를 들어, 현대백화점 판교점은 백화점을 짓는 데만 9200억 원이 들었다고 합니다. 초기 비용은 물론 운용되는 비용도 많이 들어 수익을 맞추기 위해서는 그만큼 고객이 방문해 구매가 이뤄져야 한다는 겁니다. 아직 메타버스 세계가 실질적인 구매로 이어지기는 어려운 상황임에도 불구하고 지속적으로 투자

---

4) http://www.dailycnc.com/news/articleView.html?idxno=50142

하는 이유가 여기에 있습니다. 앞으로는 핸드폰 세상에서 스크롤을 내리는 대신 집 안에서 고글을 쓰고 항상 맑은 날씨의 아울렛에 방문해 옷을 쇼핑하게 될 수도 있겠습니다.

02.04. 스포츠

VR을 이용한 스포츠 중계가 각광받고 있습니다. 2020년 애플은 미국의 넥스트VR을 인수했는데, 인수 금액은 약 1억 달러(1218억 원)로 알려져 있습니다. 넥스트VR은 NBA, 윔블던 테니스 선수권 대회, 폭스 스포츠 등과 파트너십을 맺고 여러 스포츠 대회 등을 VR로 중계한 바가 있습니다. 사용자들은 VR 기기를 이용하여 농구 골대 바로 밑에 서

*출처:: nextVR 웹사이트

있는 것처럼, 혹은 프로 레슬링 경기장의 바로 옆에 서 있는 위치에서 경기를 실감 나게 감상할 수 있습니다. 애플은 넥스트VR과 같은 스타트업들을 인수합병하며 2023년 출시 예정인 애플 AR글래스 개발에 박차를 가하고 있습니다.

*출처: 포브스
https://www.forbes.com/sites/leeorshimron/2022/01/12/the-australian-open-swings-into-the-metaverse-will-it-be-an-ace/?sh=4021e1cecfe9

또한 NFT가 각광받으며 테니스 경기 호주오픈 2022에서는 테니스공 6,776개를 아트볼 NFT로 판매합니다. 또한 실제 경기와 연관 지어 챔피언십 경기의 포인트 샷이 NFT의 고유 공간에 떨어지면 경기에서 사용된 실제 테니스 공을 받아볼 수도 있다고 합니다. 메타버스가 아직 해결하지 못한 실제 공간과의 거리감을 줄여보는 시도라고 할 수 있겠습니다.

02.05. 의류

패션업계에서는 메타버스 세계에서의 쇼핑을 위해 실사 수준의 상품을 구현하여 '가상 피팅'등을 구현하고 있습니다. HMD(head-mounted display: 머리에 착용하는 VR 기기)를 착용한 이

*출처: sateconomy.co.kr
http://www.sateconomy.co.kr/news/articleView.html?idxno=1012439

용자가 가상의 매장에서 의류, 가방, 액세서리 등을 선택하고 체험해 볼 수 있는 콘텐츠입니다. 몸 전체를 감싸 높은 기술 수준이 요구되는 제품들과 달리 안경, 마스크 등은 현재도 스마트폰을 이용하여 간편하게 체험해 볼 수 있습니다.

또한 메타버스 세상 속에서 입을 수 있는 '디지털 의류' 사업에 대한 도전도 이어지고 있습니다. 가상 디지털 의류 브랜드는 가상 인간이라고 할 수 있는 '버츄얼 휴먼' 루시와 함께 가상 의류를 소개하였습니다. 이는 NFT와 연계되어 실물 상품과 함께 판매될 계획이라고 합니다. '디지털 의류'가 활발하게 소비되고 있는 또 한 곳은 제페토와 같은 라이프로깅 메타버스일 것입니다. 유저들은 제페토의 자신의 캐릭터가 입을 옷

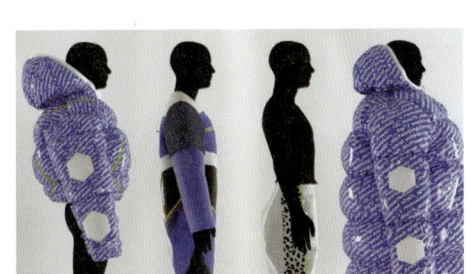

*출처: bbc.com
https://www.bbc.com/korean/news-50527006

을 디자인하고 또한 판매할 수 있습니다. 실제로 제페토 아바타의 옷을 전문적으로 디자인하는 직업까지 생겼을 정도입니다. 메타버스 세상 속에서 많은 사람들이 더 오랜 시간을 보내게 된다면 가상 의류 시장은 더욱 커질 것입니다.

02.06. 예술, 미디어

코로나19 이후 오프라인 전시 및 공연 등의 활동이 크게 위축되었고, 이를 디지털 세상에서 구현하고자 하는 움직임이 본격화되었습니다. 물리적 공간의 제약을 극복하고자 하는 도구로 메타버스가 적극적으로 이용되고 있습니다. 대표적으로 사이버 공간에서의 전시입니다. 이전까지의 온라인 전시는 전시장을 360도 카메라로 촬영하여 이미 있는 전시실을 거니는 느낌을 주었습니다. 지금부터의 전시는 AR(증강현실)을 이용하여 전시실의 모습 자체를 사용자가 있는 장소로 옮겨오고 있습니다. 구글 아트 앤 컬쳐(Arts & Culture) 앱 등을 이용하여 가상 전시실, 실제 크기의

작품 체험 등이 가능합니다. 모니터로 보는 것보다 실감 나게 작품을 감상할 수 있고, 작품이 있는 가상 전시관으로 이동하면 바로 작품 해설을 들을 수 있는 것 등이 장점입니다.

*출처: indiatimes.com
https://www.indiatimes.com/technology/news/google-arts-culture-app-lets-you-experience-unique-indian-exhibits-from-your-couch-using-ar-510885.html

02.07. 레저

바쁜 현대인을 위한 메타버스 레저 산업이 게임 산업과 맞물려 지속적으로 발전하고 있습니다. HMD를 착용하고 낚시, 골프 등의 다양한 레포츠를 손쉽게 집 안에서도 즐길 수 있으며, 햅틱 장갑 등의 기기를 이용하여 실제와 비슷한 느낌을 받을 수 있도록 기술이 발전하고 있습니다. 게임과 맞물려 스카이다이빙이나 우주여행의 느낌을 집 안에서 즐길 수 있는 것도 메타버스 세상에서만 즐길 수 있는 레저의 한 모습입니다. 또한 감염병이나 너무 먼 거리 등으로 인해 가 보기 어려운 관광지를 메타버스 세상에서 여행할 수 있습니다. VR 앱을 통해 페루의 마추픽추를 보고 순식간에 빙산과 펭귄을 보러 남극으로 갈 수도 있습니다. 실제 광경을 보기 위해서 들어가는 시간과 비용도 절약할 수 있다는 점도 장점입니다.

*출처: oculus.com
https://www.oculus.com/experiences/quest/2046607608728563/?locale=ko_KR

*출처: oculus.com
https://www.oculus.com/experiences/quest/2046607608728563/?locale=ko_KR

02.08. 건축

메타버스가 건축에 가져오는 변화는 크게 두 가지가 있습니다. 하나는 현실 세상의 건축이고, 다른 하나는 메타버스 세상의 건축입니다. 현실 건축에서는 3차원 그래픽 작업을 이용한 설계입니다. 기존에는 3D 모델링 작업이 그래픽 디자인의 영역이라고 여겼습니다. 그러나 메타버스를 활용한 설계 프로그램이 사용되면서, 이를 이용하여 건물을 짓기 전에 3D 그래픽으로 구현한 공간을 직접 돌

*출처: trimble.com
https://sitevision.trimble.com/

아보며 설계 오류를 파악하고 건물이 완성됐을 때의 모습을 체험할 수 있습니다. 메타버스를 통해 건물을 짓고 나서 수정하기 어렵지만 짓기 전에는 완성된 모습을 가늠하기 어려운 건축의 한계점을 극복할 수 있는 것입니다. 또한 HMD를 이용해 실제 건축 시에 3D 모델을 증강시켜 건축 시공 후의 품질을 효과적으로 예측할 수 있습니다. 또한 완성 후의 모습을 고객들에게 모델하우스로 오픈하여 별도의 모델하우스를 짓지 않고도 건물 소개, 내부 투어 등의 다양한 모습을 제공할 수 있습니다.

메타버스 세상의 특징은, 이곳저곳을 쉽게 옮겨 다닐 수 있더라도 결국 하나의 '세상'이기 때문에 가상 공간에서의 부동산이 생긴다는 것입니다. 'earth2(어스투)'나 '디센트럴랜드(Decentraland)'에서는 지구의 모양을 그대로 본뜬 지형인지, 자체 세계의 지형인지는 차이점이 있지만 각 세계의 규칙에 따라 부동산의 가치가 정해집니다. 각각의 플랫폼이 얼마나 지속되느냐에 따라 부동산 가치가 오르고 내리겠지만 실제로 사용되는 메타버스 세계에서도 결국 '좋은 입지'는 존재하게 될

*출처: tokenpost.kr
https://www.tokenpost.kr/article-82979

것입니다. 이 땅에서의 건축은 말 그대로 가상 세계에서의 건축이기 때문에 현실 세계에서는 존재하기 어려운 형태의 건축물도 얼마든지 지어질 수 있습니다. 이는 가상 세계에서의 새로운 건축 양식의 출현을 알릴 수도 있으며, 현실세계의 건축에 영향을 주어 상호 발전하게 될 수 있습니다.

03 메타버스 경제를 알아보자!

03.01. 메타버스 안에서의 경제활동

메타버스 세계가 그전의 인터넷 세계와 구분되는 지점은 '생산적인 활동이 가능한 세계'라는 것입니다. 일을 하고, 재화를 벌어들이고, 소비하는 등 일상세계에서 살아간다는 느낌이 드는 것이 메타버스가 진정 Universe로서 기능한다는 뜻일 것입니다.

영국 기반의 다국적 컨설팅 기업 PwC에서 내다본 2025년 AR·VR 시장 규모는 4764억 달러에 달합니다. 5G 이동통신으로 콘텐츠 전송 속도와 확산이 가파르게 향상되고 있고 AR(증강현실)과 VR(가상현실) 기술이 발전하면서 혼합현실(XR) 세계로 확장하고 있다는 진단입니다. 현재는 기술의 발전이 필요하다고 여겨지는 부분도 기술의 발달로 빠른 시일 내에 상용화가 이루어질 것입니다. 코로나19로 인해서 원격수업과 재택근무가 빠르게 현실로 다가왔듯이 말입니다.

메타버스 안에서의 부동산 투자도 열기를 띠고 있습니다. '어스2'는 지구의 땅을 가상공간에 그대로 본떠 거래하는 가상 부동산 플랫폼입니다. 원하는 지역의 가상 땅을 현실의 부동산처럼 자유롭게 사고파는 것입니다. 2020년 11월 서비스를 시작한 이 플랫폼은 10X10m가 0.1달러였는데 몇 개월 만에 바티칸 시국은 790배가 상승하는 등 유명한 지역은 몇 백 배에 달하는 가격 상승이 있었습니다. '어스2' 플랫폼이 사라질지도 모르는데 사람들이 이를 구매하는 이유는 무엇일까요? 바로 가치 상승의 기대감 때문입니다. 월드와이드웹(WWW)이 처음 등장했을 때, 사람들은 상징적인 가치가 있는 도메인을 먼저 얻고자 했습니다. 그리고 유명 회사의 도메인은 높은 가격에 팔려나가기도 했죠. 비록 '어스2'가 나중에는 없어질 수도 있습니다. 그러나 어스2가 메타버스 안에서 실제 부동산으로서 가치를 가질 수 있는 산업을 한다면, 그때는 지금보다 훨씬 더 높은 가치를 가지게 될 것이라는 기대감을 갖고 있는 것입니다. 그리고 코로나19로 인해 해외 여행이 불가능한 지금, 가보지 못하는 곳을 구매한다는 심리도 작용하는 것으로 분석되고 있습니다. 어스2와 같은 서비스가 생겨나기가 쉽고, 앞으로 특별한 기능이 없는 지금 무의미한 투자로 여겨질 수 있습니다. 그러나 언젠가 사람들이 실제로 많은 시간을 보내게 될, 실재감을 느낄 수 있는 메타버스 서비스가 등장한다면 그 안에서의 부동산 가치는 현실 부동산과 같을 수도, 어쩌면 그를 넘어설

수도 있겠습니다. 현실세계에서의 장벽을 넘어 더 많은 사람들이 드나들 수 있는 공간이 될 테니까 말이죠.

03.02. NFT

메타버스가 가져갈 대표적인 경제 시스템으로는, NFT가 있습니다. NFT(Non-Fungible Token)란 말 그대로 '대체 불가능한 토큰'입니다. NFT는 그 진위를 영구하게 기록하는 고유 비트로 인증된 새로운 종류의 디지털 자산으로, 비트코인과 같은 암호화폐의 기반이 되는 블록체인에 저장됩니다. 블록체인 기술을 이용해 토큰(자산)화했다는 점에서 암호화폐와 비슷합니다. 그러나 암호화폐는 현실의 화폐처럼 누구나 통용할 수 있어 대체 가능하나, NFT는 각각의 디지털 자산이 고유한 인식값을 갖고 있기에 대체 불가능한 특성을 가지고 있습니다.

이러한 NFT는 블록체인 기술의 특성상 한 번 생성되면 삭제와 위조가 불가능하고, 소유권과 거래 이력이 명시되므로 일종의 디지털 인증서 및 소유권 증명서처럼 활용될 수 있습니다. 디지털 항목은 제한 없이 쉽게 복제할 수 있으므로 지금까지 어느 것이 원본이고 누구의 소유인지 명확히 할 수 없습니다. 하지만 NFT가 생성되면 해당 디지털 항목에 대해 인증 및 소유권 증명이 이뤄지므로 '디지털 자산'이 돼 거래를 원하는 사람들끼리 자유롭게 사고팔 수 있게 됩니다.

이와 같은 속성 덕분에 NFT는 한정판 디지털 상품을 만들고 싶은 화가, 음악가, 크리에이터, 영화 제작자와 같은 예술가들은 물론 관련 비즈니스 업계의 열렬한 관심을 받는 중입니다. 나이키에서는 블록체인 기술을 이용해 운동화 정보를 토큰(자산)화하는 NFT관련 특허를 등록했습니다. 나이키 운동화는 사람들끼리 희귀한 운동화를 서로 사고파는 리셀 시장이 활발한데, 블록체인을 기반으로 정품 인증을 한다면 인증에 대한 신뢰도를 높일 수 있기 때문입니다.

현재의 NFT는 대표적으로 디지털 아트 상품에 적용되고 있습니다. 아직까지는 이 기술을 어떤 다양한 방법으로 사용해야 할지에 대한 사례가 많지 않은 것이 사실입니다. 그러나 NFT에 사람들이 열광하는 이유는 앞으로 메타버스 세계에서 생겨날 수많은 디지털 자산에 대해서 소유권을 주장할 수 있게 될 것이라는 점 때문입니다. 메타버스 세계 안에서는 모든 것이 가상으로 이루어지기 때문에, 가상의 자산을 확실하게 소유하고 거래할 수 있다는 것이 사람들에게 매력적으로 다가오는 것입니다. 아직까지 현실세계에서의 사용처가 뚜렷하지 않지만 앞으로 메타버스 세계에서 활발한 경제활동이 일어난다면, NFT는 삶에 필수적인 요소가 될 것입니다.

CHAPTER 04

메타버스와 진로 알아보기

04. 메타버스 관련 직업을 알아보자!

META VERSE

04 메타버스 관련 직업을 알아보자!

4차 산업혁명으로 인해 인류는 AI에게 일자리를 빼앗길지도 모른다는 불안감에 시달리고 있습니다. 우리가 사람밖에 할 수 없다고 생각하던 여러 직업들까지도 점차 인공지능과 기계에 점령당하고 있기 때문입니다. 이런 와중에도 인간은 인공지능과 공존의 미래를 그려내고 있습니다. 오랜 시간 동안 축적해온 인공지능에 대한 경험이 있기에 가능한 일입니다.

하지만 메타버스와 인류의 미래에 대한 공존에 대한 이야기를 다루기에는 아직입니다. 현재 우리가 메타버스는 아직 완전하지 못하다고 느끼는 것은 필요한 기술들이 준비되어 있지 않기 때문입니다. 또한 현재의 메타버스에서 아직까지 재미를 찾지 못한다는 것은 콘텐츠가 부족하다는 이야기가 될 수 있습니다.

즉, 메타버스가 성공하기 위해 결국 필요한 것은 현실을 대체할 수 있을 만한 콘텐츠와 그 콘텐츠를 제대로 즐길 수 있는 기술이겠습니다. 하드웨어, 소프트웨어, 콘텐츠로 나누어 메타버스 시대에 탄생할 새로운 진로와 직업들에 대해 생각해 보도록 하겠습니다.

04.01. 하드웨어

하드웨어의 중요성을 위해 메타버스의 속성을 연구한 강원대학교 김상균 교수의 SPICE 모델을 예로 들어보겠습니다. 교수는 메타버스의 특성을 연속성, 실재감, 상호운영성, 동시성, 경제 흐름이라고 정의하였습니다. 이 중 메타버스의 가장 기본 축으로 생각될 수 있는 실재감은 '물리적 접촉의 부재'를 어떻게 해소시켜 주는 가가 관건입니다. 제아무리 가상현실에서 어떤 상호작용이 일어나도 아무런 감각이 없으면 사람들은 현실이라고 인식하지 못할 것이기 때문입니다. 즉, 실재감이 떨어지면 사람들은 이질감을 느끼고, 이질감은 결국 몰입감을 떨어뜨려 사람들로 하여금 메타버스에 오래 머물러 있지 못하게 할 것입니다. 이로써, SPICE 모델의 속성 중 하나인 연속성을 떨어 뜨리게 되고, 이로 인해 모든 속성도 만족시킬 수 없게 됩니다.

이렇게 중요한 실재감을 높이기 위해 다양한 VR 기기와 AR 기기가 계속해서 개발되고 있습니다. 메타(구 페이스북)의 오큘러스 퀘스트가 대표적인 VR 기기 중 하나로 꼽히는데요. 애플과 마이크로소프트, 소니에서도 지속적으로 VR 및 AR 기기를 내놓고 있습니다. 그전까지는 기기가 불편하고 가격도 비쌌으며, 콘텐츠가 제한되어 있었습니다. 그러나 코로나19로 인해 전 세계에서 메타버스 하드웨어에 대한 수요가 폭증함에 따라 접근성 및 사용 시간이 확대되었고, 대중들이 HMD에 상당히 많은 관심을 갖기 시작했습니다.

또한 기술이 점점 발전되어 감에 따라 시장이 커지고, 새로운 직업에 대한 수요를 낳고 있습니다. HMD에 적용되는 센서와 카메라 모듈, 디스플레이 기술을 다루거나 개발할 인재가 더 많이 필요해지거나, 빅데이터를 HMD에서 처리될 수 있도록 하는 컴퓨터 관련 기술자가 각광받을 것입니다. 지금은 대기업 중심으로 HMD를 생산하여 소비자에게 선보이고 있지만, 메타버스를 접속할 수 있는 하드웨어가 대중화되면 혁신적인 아이디어를 지닌 HMD 디자이너나 개발자가 나타날 것이고, 다품종 소량화 생산이 촉진될 것입니다.

04.02. 소프트웨어

메타버스를 접속하기 위한 하드웨어를 만들었으면 다음에는 어떤 것이 필요할까요? 메타버스를 보여줄 소프트웨어가 필요할 것입니다. 흔히, 이를 '게임엔진'이라고 합니다. 가상현실이 게임 위주로 많이 개발되었기에 '게임엔진'이라고 불리지만, 메타버스가 널리 활용되면, 다른 용어로 불리겠지요. 앞으로 다양한 '게임엔진' 즉 '메타버스 엔진'이 나오겠지만, 현재 활용되고 있는 '게임엔진'에 대해 알아볼까요?

게임엔진은 3D 그래픽으로 가상공간을 만들고 그 속에서 캐릭터의 움직임을 구현하는 데 쓰이는 개발자용 플랫폼입니다.[5] 현존하는 게임엔진에는 유니티 엔진과 언리얼 엔진이 대표적입니다.

유니티 엔진의 경우 애니메이션, 건설 등 다양한 분야에 접목이 가능하며 모바일 세계 등을 구축하는 데에 높은 호환성을 보이고 있습니다. 언리얼 엔진의 경우 고품질 그래픽과 타임 렌더링 기술을 이용해 쉽고 빠른 고품질 게임을 제작할 수 있으며, 고품질 그래픽을 이용한 영화 산업에서

---

5) https://www.chosun.com/economy/tech_it/2021/06/17/BARMDVSACJHBXNY4LTQGJG4K64/

두각을 나타내고 있습니다. 다만 이처럼 유니티와 에픽게임즈의 언리얼이 독주하는 시장에 지금은 한국 기업의 모습은 찾아보기 힘듭니다. 현재 국내 게임사 중에 자체 게임엔진을 활용해 게임을 만드는 회사는 펄어비스[6]가 있습니다.

게임엔진은 하드웨어 안에서 또 다른 가상현실을 구현해 줄 시스템으로, 메타버스에 대한 수요가 활발해짐에 따라 지속적인 개발이 이루어질 것입니다. 이에 따라 게임엔진 전문가, 가상현실 그래픽 전문가 등 새로운 미래 산업의 진로직업으로 떠오를 것입니다.

04.03. 콘텐츠

코로나19로 인한 문화 소비 형태의 변화와 MZ 세대가 주도하는 메타버스의 인기를 대변하듯, 메타버스 안에서의 가상현실 콘서트가 연일 화제가 되고 있습니다. 트래비스 스콧의 포트나이트 메타버스 콘서트는 1230만 명이 동시에 접속했고, 블랙핑크의 제페토 팬사인회는 4500만 명이 참여했습니다. 앞으로는 메타버스에서의 콘서트 등의 행사가 더욱 늘어날 것입니다. 현실세계에서와 다르게 많은 사람들을 불러 모을 수 있음은 물론이고, 가수 시점에서의 앵글을 관객에게 실시간으로 중계하는 등 현실세계와는 다른 더욱 다양한 경험을 제공할 수 있기 때문입니다. 앞으로는 메타버스 세계에서의 콘서트, 결혼식, 회의 등 외부에서 열리는 행사의 무대를 디자인할 수 있는 무대 코디네이터, 디자이너, 파티플래너 등의 직업에 대한 수요가 활발해질 것입니다.

국내 네이버 Z '제페토'에서 아바타 의상을 만드는 크리에이터 '렌지'는 월 평균 1500만 원 정도의 수익을 내고 있습니다.[7] 이미 제페토에서 옷을 만드는 크리에이터도 2021년 9월 기준 70만 명까지 증가한 상황입니다.

---

6) https://www.pearlabyss.com/ko-KR/Company/About/Lab
7) https://www.khan.co.kr/national/national-general/article/202109031717001#csidx7121657d2e1234c892ebb04ab115dea

버츄얼 휴먼 '로지'가 TV 모델로까지 등장하는 등 화제를 불러일으키고 있습니다. 버츄얼 휴먼은 말 그대로 컴퓨터 그래픽으로 생성된 가상 인간을 뜻합니다. 지금은 실제 모델을 활용하기도 하는 등 완전한 창조의 영역까지는 가지 않았지만, 기술의 발전에 따라서 버츄얼 휴먼이 메타버스 세계 안에서 활동할 여지는 충분합니다. 이때 위화감 없는

사람을 디자인할 수 있도록 버츄얼 휴먼의 말투, 행동, 습관 등을 디자인하게 될 '휴먼 디자이너'가 필요하게 될 수 있습니다.

또한 하드웨어, 소프트웨어를 이용하여 어떻게 사람들을 메타버스 세계로 끌어들일 수 있을지 고민하는 메타버스 전문 기획자 및 마케터의 자리도 넓어질 것입니다. 유명한 IP(지적재산권)을 이용하여 메타버스 안에서 사람들이 그 스토리를 어떻게 즐길 수 있게 할지 고민하는 작가가 필요하게 될 수 있습니다. 유명한 영화를 배경으로 하는 세계를 만들어 사람들이 그 안에서 즐길 수 있게 하는 것이죠.

〈메타버스 비긴즈〉의 저자이자 소프트웨어 정책 연구소 이승환 팀장은 "메타버스는 가상과 현실 간 경계의 소멸"이라고 말합니다. 메타버스 세계에서 새로 생겨나게 될 직업이 정말 우리가 듣도 보도 못한 새로운 직업들뿐일까요? 현실세계에 동떨어진 새로운 직업이 생기는 것이 아닌, 원래 있던 직업들이 메타버스와 연관 지어 새로운 형태의 직업으로 탈바꿈할 것입니다.
이러한 메타버스라는 거대한 변화의 흐름 속에 선생님과 학생들이 해야 할 일은 무엇일까요? 메타버스를 미리 접하고 그 안에서 어떤 새로운 일을 할 수 있을지에 대한 고민을 통해 급변하는 세계 속에서 적응하는 방법을 익히고, 새로운 부가가치를 창출할 수 있는 창의적인 아이디어를 만들어나가는 힘을 길러주는 일이 필요하지 않을까 싶습니다.

메타버스가 가져올
교육계 지각변동!

METAVERSE

CHAPTER 05

메타버스 활용 교육 준비하기

01. 메타버스의 변화를 알아보자!
02. 메타버스 필요조건을 알아보자!
03. 메타버스 유형별 교육 사례를 알아보자!

01 메타버스의 변화를 알아보자!

증강, 시뮬레이션, 내부적 세계, 외부적 세계에 따라 나눠지는 메타버스의 4가지 유형은 각각의 특성을 가지며 발전 중이면서도 최근에는 유형 간의 상호작용을 통해 융복합화가 진행 중에 있습니다. '혼합현실'이라는 이름으로 쓰이는 MR(Mixed Reality)이 융복합화 현상 중의 하나인데, 대표적인 것이 애플이 현재 추진하고 있는 MR 헤드셋입니다. 애플의 AR 프로젝트에 의해 탄생할 애플 글래스는 가상현실과 증강현실을 모두 구현하기 위해 3D 감지 모듈로 손 제스처와 물체 감지 기능, 시선추적, 홍채인식, 음성 제어, 표정 및 공간 감지까지 가능하도록 개발하고 있습니다.

SKT에서는 'Jump AR'앱을 통해 MR 서비스를 제공하려고 노력 중입니다. K-콘텐츠를 활용하여 핸드폰 카메라로 비치는 현실세계에 내가 좋아하는 아이돌을 360도로 회전하면서 공연을 감상할 수 있는 등 일상에서 실감 나고 특별한 콘텐츠를 즐길 수 있게 되었습니다. 가상현실(VR)과 증강현실(AR)을 아우르는 확장현실(XR)로 혼합현실(MR)을 이룰 날이 머지않았습니다.

*출처:https://www.edaily.co.kr/news/read?newsId=01361206629050560&mediaCodeNo=257&OutLnkChk=Y

"이제는 메타버스의 세상이 되었다. 지금까지의 20년과는 달리 앞으로의 20년은 SF 영화의 모습과 비슷할 것이다. 메타버스의 세상이 다가오고 있다." 인공지능과 그래픽 분야의 선두주자인 NVIDIA의 CEO인 젠슨 황의 연설처럼 여러 유형의 메타버스가 융복합 하여 점차 진화되고 있기에 우리는 메타버스에 올라타야 합니다.

02 메타버스 필요조건을 알아보자!

초기에 MZ 세대들을 중심으로 이용되던 메타버스가 코로나19 이후 제한·금지되었던 대규모 공연·행사를 메타버스 공간에서 할 수 있게 되면서부터 많은 사람들의 관심을 끌고 있습니다. 최근에는 변이 바이러스로 인해 사적 모임 제한이 다시 강화되자 문화계에서는 메타버스 환경에서 K-POP 페스티벌을 준비하고 있습니다.

SKT는 2021년 12월 14일부터 12월 17일까지 4일간 이프랜드에서 'K-POP 페스티벌 위크' 행사를 진행했습니다. 오프라인 콘서트를 메타버스 공간에서 생중계하는 것은 국내 최초로써, 공연뿐만 아니라 인기 아티스트의 아바타와 함께 아바타 댄스 플래시몹, 기념사진 촬영 등 새로운 방식으로 대중과 소통을 했습니다.

*출처: https://www.youtube.com/watch?v=fjKlHy3jLNg

문화체육관광부와 한국콘텐츠진흥원은 2021년 12월 19일 싸이와 더 보이즈 등이 출연한 가운데 현재의 광화문과 미래를 배경으로 한 가상 무대를 마련해 실시간 확장현실(XR) 온라인 공연을 열기도 했습니다.

이는 국내 첫 확장현실 실시간 온라인 공연으로, 광화문을 실감형 콘텐츠로 선보이는 이른바 '광화시대' 프로젝트를 추진하고 있습니다.

*출처:https://newsis.com/view/?id=NISX20211217_0001691670&cID=10701&pID=10700

이와 같이 메타버스는 공연뿐만 아니라 현재는 마케팅·홍보, 부동산·건설, 정치, 행정, 기업 운영 등 다음과 같이 다양한 분야로 확장되고 있습니다. 현실과 가상이 상호작용하면서 경제, 사회, 문화 활동 전반에 메타버스가 침투해있고 앞으로 그 가치는 무궁무진할 것입니다.

구분	메타버스 이용 사례
정치	▶ 선거 후보의 유세 공간 마련
행정	▶ 시민 참여형 가상 정책토론장 운영 ▶ 다양한 행정서비스 정보 제공
기업 운영	▶ 기업의 임원 회의, 직원 사내 교육 실시
공연	▶ 콘서트, 신곡 발표, 팬미팅 진행
행사	▶ 대학 입학식 및 축제 진행 ▶ 비대면 대학입시박람회 개최
마케팅 홍보	▶ 사이버 지점 개설 및 운영 ▶ 신제품 홍보 및 가상 체험 서비스
부동산 건설	▶ 가상 모델하우스·매물 소개 등 다양한 프롭테크(Proptech) 서비스 제공

*출처: 『메타버스(metaverse)의 현황과 향후 과제』, 정준화, 국회입법조사처, 2021

02.01. 메타버스에 필요한 요소

메타버스 세상을 구축하기 위해서는 크게 3가지의 요소가 요구됩니다.

첫 번째는 높은 자유도입니다. 게임을 예를 들어보겠습니다. 예전의 게임들은 개발자가 정해놓은 시나리오대로 게임이 진행되었기에 미션이 수행되면 끝나는 구조였습니다. 게임 진행 중에 다양한 선택지가 없어서 게이머들의 자유로운 행동을 하지 못하는 상황이기에 이 경우에는 낮은 자유도를 가지고 있다고 볼 수 있습니다. 하지만 최근의 게임들은 미션을 수행하지 않더라도 게임상

의 스토리, 연출 등 정해진 노선을 따라가지 않는 높은 자유도를 보장하고 있습니다. 이러한 형태의 게임을 모래 놀이터처럼 정해진 규칙 없이 자유롭게 논다고 하여 '샌드박스' 게임이라고 합니다. 메타버스 세상은 개방적인 공간에서 학교, 교수, 학습 환경에 맞게 자유롭게 변형하여 사용할 수 있어야 합니다.

두 번째는 프로슈머로서의 지위 보장입니다. '프로슈머(Prosumer)'란 앨빈 토플러 등 미래 학자들이 예견한 기업의 생산자(producer)와 소비자(consumer)를 합성한 말로, 소비는 물론 제품 생산과 판매에도 직접 관여하여 해당 제품의 생산 단계부터 유통에 이르기까지 생산자와 소비자의 권리를 동시에 행사하는 것을 의미합니다. 이른바 '생산자형 소비자'로서, 이용자들이 단순히 메타버스를 체험하거나 경험하는 수준을 넘어서 직접 콘텐츠를 제작 및 유통을 하는 등 경제활동을 하고 있습니다.

메타버스 플랫폼 중의 하나인 로블록스를 예로 들겠습니다. 로블록스 내에서 가장 인기를 끌고 있는 게임 중의 하나인 '탈옥수와 경찰'은 로블록스 이용자가 게임을 제작하여 유료로 공유한 사례입니다.

*출처: https://moneys.mt.co.kr/news/mwView.php?no=2021032315158074355

로블록스 스튜디오를 통해 만든 게임을 플랫폼 내에 팔고 이를 통해 얻은 자체 가상화폐인 '로벅스(Robux)'를 현금화를 할 수 있습니다. 이외에도 제페토를 통해 의상 아이템을 제작하고 팔 수도 있게 제공하고 있습니다. 이렇게 메타버스 공간에서는 수익화를 통해 이용자들의 경제활동을 보장할 필요가 있습니다.

세 번째는 아바타입니다. 아바타는 가상공간에서 또 다른 나를 표현하는 수단으로서 요즘에는 일명 '부캐'를 만들어내기에 적합합니다. 부캐는 '부가 캐릭터'의 줄임말로, 본캐('본래 캐릭터'의 줄임말)와 다르게 콘셉트를 설정하여 다른 세계관에서 활동하는 나의 다른 자아를 뜻합니다. 디지털 문화에 익숙한 MZ 세대를 중심으로 사용되었지만 요즘에는 일상에서도 흔히 쓰이고 있습니다. 최근 한 TV 프로그램은 세계 최초 메타버스 예능 '부캐전성시대'를 방송하기도 해서 이목을 끌기도 했습니다. 이처럼 부캐를 대변하는 아바타는 '부캐놀이터'로서의 메타버스에 필요한 조건이라 할 수 있습니다.

02.02. 메타버스 SPICE 모델

메타버스는 살아있는 생물처럼 지금도 계속 생동감 있게 발전하고 있습니다. 국내 메타버스의 선구자인 강원대 김상균 교수는 메타버스를 'SPICE 모델'이라 말하며 그 특성을 말하고 있습니다. SPICE 모델은 연속성, 실재감, 상호운영성, 동시성, 경제 흐름의 약어입니다.

연속성(Seamlessness)은 사용자가 한 메타버스 안에서 하나의 아바타로 지속적인 연결을 통해 경험이 단절되지 않는 것을 말합니다 아바타로 게임을 하다가 공간만 이동해서 쇼핑을 하거나, 업무 협의를 하는 등 마치 우리가 현실에서 하루를 보내듯 메타버스 안에서도 기억과 정보가 연결됩니다.

실재감(Presence)은 물리적인 접촉이 없이도 실제 존재하는 것과 같은 느낌 받는 것을 말합니다. 메타버스를 구축하기에 필요한 AR, VR 기술, 그리고 정교한 스토리는 우리가 실제 현실과 같다는 생각을 할 수 있게 몰입감을 줍니다.

상호운영성(Interoperability)은 현실과 메타버스 세계의 데이터, 정보가 서로 연동되는 특성을 말합니다. 메타버스를 통해 얻는 정보를 실제 세계와 연동을 할 수 있고, 현실에서의 정보를 메타버스 세계에 반영할 수도 있습니다. 이 라이프로깅의 메타버스는 블록체인 기술과도 연관되어 정보의 신뢰성을 더해주기도 합니다.

동시성(Concurrence)은 하나의 메타버스 내에서 여러 명의 사용자가 동시에 활동할 수 있는 것

을 말합니다. 자유도가 낮은 대부분의 게임에 비해 메타버스는 같은 시간에 같은 세계관에서 서로 다른 경험을 할 수 있습니다.

경제 흐름(Economy Flow)은 메타버스 플랫폼 내에서 재화와 서비스를 자유롭게 거래하는 흐름이 존재한다는 것을 말합니다. 로블록스는 자체 화폐인 '로벅스(Robux)'는 실물화폐와도 경제적 상호작용이 가능합니다. 현실의 화폐를 이용해 로벅스를 구입하고, 로벅스를 현실의 화폐로 환전이 가능합니다. 앞으로의 메타버스는 서로 다른 메타버스 플랫폼과 실물 세상과도 경제 흐름이 연동될 것입니다.

03 메타버스 유형별 교육 사례를 알아보자!

메타버스를 교육에 무궁무진하게 활용할 수 있습니다. 그중 대표적인 4가지 유형에 따라 교육에 어떻게 활용할 수 있는지 사례로 알아보도록 하겠습니다.

03.01. 증강현실을 교육적으로 활용한 사례

포켓몬고 게임이나 스노우 카메라 앱 등과 같이 현실세계에 가상의 물체를 덧씌워 대상을 입체적이고 실재감 있게 해주는 증강현실은 교육에도 다양하게 쓰이고 있습니다. 사이언스올에서 제공하는 증강현실 콘텐츠 중 AR 동물 관찰은 30여 종의 다양한 동물들의 모습을 눈 앞에서 실감나게 관찰할 수 있습니다. 동물의 생김새, 먹이, 서식지, 생체모방기술 등 초등학교 과학 교육과정에서 나오는 동물의 여러 특징을 학습할 수 있습니다.

*출처:https://www.scienceall.com/ar%eb%8f%99%eb%ac%bc%ea%b4%80%ec%b0%b0/?sa_term=ar

또 다른 콘텐츠 중 하나인 AR 빛 실험실은 구면거울과 빛의 반사, 다양한 렌즈와 빛의 굴절, 다양한 물질에서의 빛의 굴절 등 가상 실험도 가능합니다.

03.02. 라이프로깅을 교육적으로 활용한 사례

자신의 삶에 관한 다양한 경험과 정보를 기록하여 공유하는 라이프로깅은 체육교과의 도전, 경쟁 활동과도 연계할 수 있습니다. 나이키 플러스 러닝 등 많은 러닝 관리 앱이 있지만 저는 충청남도에서 자체 개발한 앱인 '걷쥬'에 대해 소개하고자 합니다. 웨어러블 밴드를 착용한 상태에서 자신이 세운 걸음 목표를 공유하며 친구들과 격려하며 경쟁할 수 있습니다. 또한 다양한 걷기 미션을 통한 챌린지에 도전할 수 있고, 정기적으로 열리는 일정 걸음 이상 걷기 챌린지를 통해 함께 목표를 달성할 수도 있습니다. 각 지자체에서는 기능을 좀 더 확장시켜 해당 명소, 둘레길, 걷기 좋은 길을 현재 있는 위치 기준으로 추천해 주어 사람들에게 인증할 수도 있습니다.

또한 코로나19로 인한 헬스장 이용이 제한되면서 물리적으로 모여서 운동을 못 하게 되자, 홈트레이닝 열풍이 불게 되었는데요. 나이키 트레이닝 클럽을 이용하여 유명 스포츠 스타의 트레이닝 프로그램을 따라 하고 자신이 달성한 기록을 SNS에 공유할 수 있습니다. 언제 어디서나 접근하기 쉬운 앱 내 트레이너를 통해 운동을 도와주고 목표를 달성할 수 있도록 이끌어줍니다. 비대면 환경에서의 체육활동을 통해 나의 일상적인 체육활동을 기록하고 응원받을 수 있게 되었습니다.

*출처: https://cnwalk.or.kr

*출처: https://www.nike.com/kr/ko_kr/c/training-ntc-app

03.03. 거울세계를 교육적으로 활용한 사례

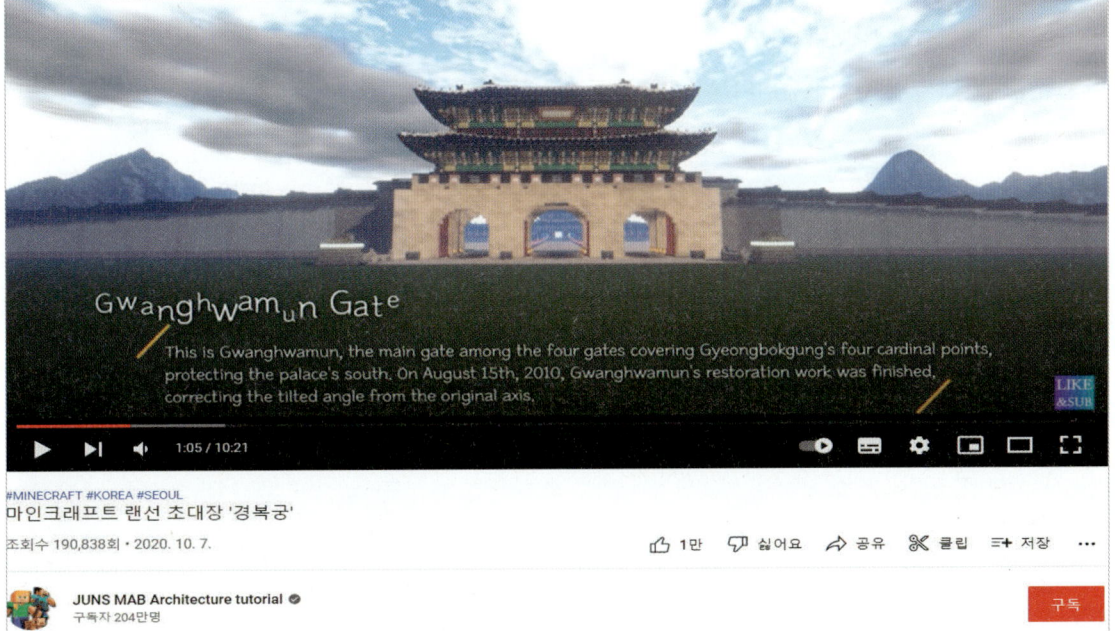

*출처: https://www.youtube.com/watch?v=uML-ZG66jTY

실제 세계의 모습, 정보, 구조를 복사하듯이 만들어낸 거울세계는 대표적으로 마인크래프트로 구현이 가능합니다. 불국사, 경복궁, 그리고 지금은 사라진 황룡사 9층 목탑까지 복원을 하여 역사교육을 할 수 있고, 과거의 도시부터 미래의 도시 건설하기까지 사회 및 미술 등 다양한 분야에 접목하여 수업을 할 수 있습니다.

03.04. 가상세계를 교육적으로 활용한 사례

디지털 데이터로 구현된 가상세계를 다루는 플랫폼은 여러 가지가 있습니다. 그중 하나인 게더타운은 줌과 같은 온라인 화상 플랫폼을 대체할 수 있는 메타버스 플랫폼으로, 게더타운을 활용하여 가상교실을 구현하고 친구들과 협업, 조 모임, 화면 공유를 통한 수업 등 학교에서의 수업활동을 가상세계에서 그대로 구현할 수 있습니다. 비대면 교육의 확장으로 사용하게 된 '줌'에 대해 피로감을 느끼는 사람들이 많아졌습니다. 지속적으로 화면에 자신의 얼굴이 노출되어야 한다는 부담감으로 피로가 증가하게 된, 이른바 '줌 피로 증후군'으로 심리적 불편함에 생겨나게 되었습니다. 게더타운은 본인의 얼굴을 지속적으로 노출하지 않고 아바타를 통해 가상공간에서 대화를 할 수 있습니다. 가까이 다가가야 캠이 활성화되면서 화면을 보며 대화를 할 수 있기에 게더타운은 교육적 목적뿐만 아니라 업무용 가상오피스로도 활용하고 있습니다. 자세한 내용은 이후 '게더타운 이론'편에서 안내하겠습니다.

CHAPTER 06

메타버스를 교육에 활용하기

04. 메타버스 활용 가능성을 알아보자!
05. 메타버스 활용시 이런 점을 고려하자!
06. 미래형 메타버스 교육과정을 살펴보자!

04. 메타버스 활용 가능성을 알아보자!

메타버스는 교육에 다양한 방법으로 배움을 촉진합니다. 교육 환경으로서 메타버스의 가능성에 대해 알아봅시다.

04.01. 새로운 경험 제공과 높은 몰입도

'메타버스'라는 이전에 없던 세계를 통해 우리는 새로운 경험과 생생하고 몰입감 있는 학습을 할 수 있습니다. 대표적인 사례를 통해 알아보겠습니다.

04.01.01. 구글 어스를 통한 새로운 경험

'구글 어스'를 예로 들어보겠습니다. '구글 어스'는 세계에서 가장 정교한 지구본이라 할 정도로 지구의 모든 정보를 담고 있는 '거울세계'를 표방하는 메타버스 플랫폼입니다. 구글 어스 이전 시대에서는 종이 지도를 통해 지역의 지리를 알았기에 자세한 지형, 지리 정보를 알 수 없다는 불편함이 있었습니다.

*출처: https://earth.google.com/

구글 어스의 등장은 위성 사진을 기반으로 하기에 지구본의 형태를 그대로 반영할 수 있을 뿐만 아니라 스트리트뷰 형태도 기반으로 하기에 지도의 성격도 그대로 표현할 수 있게 해주었습니다. 최근에는 전 세계의 모든 건물을 물론, 산지와 같은 지형들도 위성사진의 형태가 아닌 3D로 재현하는 프로젝트를 추진하고 있습니다. 이미 미국, 프랑스, 독일 등 상당수 도시들은 실사판 수준으로 구현해 놓은 상황입니다. 또한 VR 기술의 발달로 'VR 용 구글 어스'도 개발했습니다. 모든 지구의 모습을 실재감 있게 나의 VR 기기에 담을 수 있습니다. 아쉽게도 한국은 국가적인 문제로 공식적인 서비를 이용할 수는 없습니다.

*출처: https://earth.google.com/

구글 어스에서 제공하는 서비스 중 하나인 '타임랩스 지도'는 1984년부터 2021년까지 지난 37년간 우리나라뿐 아니라 전 세계 곳곳을 우주에서 촬영한 위성영상 5백만 장을 합성해 변화상을 영상 형태로 보여주는 서비스입니다. 문명의 발달로 개발되거나 파괴된 지구촌 곳곳의 모습들이 적나라하게 드러나 있습니다. 빙하는 줄어들고 물은 마르고, 삼림의 나무들은 벌목되어 사라지고, 사막엔 새로운 인프라가 들어서고, 대도시들은 많은 변화를 보이는 등 영상으로 현대의 변화를 볼 수 있기에 사회, 환경 교육과 연계하여 새로운 경험을 제공할 수도 있습니다.

'구글 어스 눌 스쿨'을 통해 미세먼지, 바람의 이동, 태풍의 위치도 파악할 수 있습니다. 현재 이미지는 우리나라를 포함하여 주변 나라의 미세먼지 농도 현황입니다. 바람, 온도, 상대습도, 미세먼지, 파도의 흐름, 해류 등을 볼 수 있게 설정되어 있어 과학 및 환경수업에 새로운 경험을 제공할 수 있습니다.

구글 어스에서 제공되는 기능들을 기반으로 하여 영상 제작을 할 수 있습니다. '구글 어스 스튜디오'는 구글 어스의 위성 및 3D 이미지 활용을 위해 개발된 도구로 드론이 영상 촬영을 하는 것처럼 구글 어스에서 제공되는 이미지만으로도 영상 촬영을 할 수 있어 처음 접하는 사

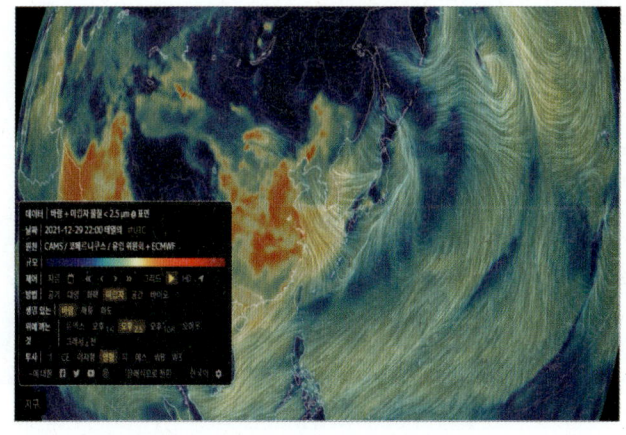

*출처: https://earth.nullschool.net/

람도 쉽게 촬영 및 편집을 할 수 있습니다. 코로나19로 해외여행이 제한된 상황에서 내가 가고 싶은 해외여행지를 선정하여 '나만의 여행 계획 세우기' 주제로 프로젝트 수업도 가능합니다.

*출처: https://www.google.com/intl/ko/earth/studio/

이제는 지구를 넘어 우주로 가보겠습니다. 기존에 출시된 스텔라리움, 구글어스처럼 우주를 볼 수 있지만 더 범위를 넓혀 VR로 우주 경관을 체험할 수 있는 기술도 개발되었습니다. 스위스에서 개발한 가상 우주 지도인 VIRUP(VIrtual Reality Universe Project)입니다. VIRUP 우주 지도에는 국제우주정거장(ISS)과 달뿐만 아니라 태양계, 은하계 너머까지 VR로 구현되어 있습니다. VR 감상 이외에도 특정 몰입형 시스템(파노라마, 돔 형태)도 제공하여 더욱 생생한 우주체험을 할 수 있습니다. 이렇게 우리가 직접 가보지 않은 미지의 영역인 태양계 너머의 우주를 내가 편한 곳에 앉아서 볼 수 있게 되었습니다.

*출처: https://www.epfl.ch/

04.01.02. 펄어비스의 '도깨비(DokeV)'를 통한 높은 몰입도

어떤 한 가지 일에 깊이 파고들거나 빠지는 느낌을 뜻하는 '몰입감'은 최근 메타버스 플랫폼의 성공 요소 중 하나로 꼽힙니다. 교육의 현장을 메타버스 플랫폼으로 옮겨왔을 때 어떤 변화가 있을까요?

우선 학습자와 교수자가 동등하게 아바타를 활용함으로써, 현실에서 눈치를 보거나 체면을 차릴 필요 없는 학습 참여가 가능합니다. 똑같은 책상에 앉아 똑같은 옷을 입으며 수업을 하는 것이 아닌, 또 다른 자아를 아바타에 표현하여 능동적인 경험을 할 수 있기에 몰입도가 높아집니다. 메타버스 공간에서 자신과 타인을 3인칭으로 살펴보고 새로운 방식으로 상호작용을 하기에 정서적 친밀감, 유대감, 공감, 공동체 의식이 향상될 수 있습니다. 학습환경에 따라 언제든 변형할 수 있고, 현실에서는 구현할 수 없는 새로운 세계도 구현할 수 있기에 높은 자유도가 보장되는 메타버스는 학생들에게 새로운 경험을 제공해 줄 것입니다.

*출처: https://dokev.pearlabyss.com/

펄어비스에서 개발하고 있는 3인칭 오픈월드 액션 어드벤처 게임인 '도깨비(DokeV)'가 몰입도를 극대화를 한 예가 됩니다. 2021년 8월, 도깨비의 플레이 영상이 공개되자 전 세계 게이머로부터 엄청난 화제를 불러일으켰습니다. 자체 제작한 높은 퀄리티의 배경 그래픽과 더불어 방패연 날리기, 한복 의상 등 한국의 문화가 고스란히 담겨 있고 그 감성을 느낄 수 있으며, 부산 흰여울마을 등 실제 존재하는 지역을 그대로 옮겨왔기에 현실 고증도 뛰어납니다. 이렇게 게임 속 가상세계를 현실처럼 느낄 수 있도록 메타버스적인 요소가 들어가 있고, 플레이어가 게임의 세계를 자유롭게 돌아다니는 '오픈월드'형 게임으로 제작되어 있어 높은 자유도를 제공합니다. 이에 따라 최근에 국립박물관 문화 재단, 한국관광공사와 MOU를 맺어 게임 속 배경에 우리나라 문화재 및 유물 및 주요 여행지를 채워 넣어 자연스럽게 한국 문화를 경험할 수도 있을 듯합니다.
게임의 형태이지만 교육의 기능까지 고려하여 제작 중이기에 메타버스로서의 교육적 가능성도 커지게 되었습니다.

04.02. 학습방법의 다양화로 인한 교육격차 해소

현실의 세계에서는 '양극화'가 심각한 사회적 문제로 자리 잡고 있습니다. 소득, 사회적 지위 등의 격차가 코로나19로 인해 더욱 벌어지게 되었고 이는 교육에서도 다양한 형태로 격차를 보이고 있습니다. 경제활동이 대도시로 집중되어 있기에 인구의 이동으로 인한 경제적 양극화로 농산어촌 지역이 쇠퇴하고 있습니다. 또한 부익부 빈익빈의 경제적인 양극화로 사회의 분열 양상도 보이고 있습니다. 사회적, 경제적인 양극화로 인해 교육 참여의 기회가 사라지는 등 교육 사각지대도 존재하고 있는 것이 지금의 현실입니다.

메타버스 환경에서는 학습방법의 다양화를 추진하면서 교육 사각지대를 최소화하는 데 기여를 하고 있습니다. 사회적 양극화로 인해 교육 기회가 줄어든 농산어촌 지역의 학생들에게는 메타버스를 통해 지역에서 접해보지 못한 경험을 할 수 있습니다. 메타버스 내에 구현된 수많은 종류의 직업을 직접 체험해 봄으로써 자신의 진로를 알아가기 위한 경험을 쌓을 수 있습니다. 또한 화재현장, 항공 조종, 위험한 수술 등과 같은 실습을 메타버스 공간에서 시뮬레이션을 함으로써 낯선 분야에서 안전하고 효율적인 학습으로 진로 역량을 키울 수 있기도 합니다. 수도권에 있는 학생들에 비해 멘토를 접할 기회가 부족한 농산어촌 지역의 학생들은 메타버스 플랫폼에서 어디서든 여러 멘토를 직접 찾아가서 인터뷰도 하고 상담을 할 수도 있습니다.

경제적 양극화로 인해 교육 기회가 줄어든 학생들은 메타버스 환경에서 많은 정보를 무료로 제공받으며 학습할 수 있습니다. 주말에 직접 찾아가야 체험을 할 수 있는 교육 페스티벌도 이제는 메타버스 환경에서 구성된 교육 페스티벌을 통해 동일하게 체험할 수 있게 되었습니다. 문제집을 사야 한다는 부담을 메타버스 환경에서는 없앨 수도 있습니다. 메타버스 교실에서는 나의 학습상태에 맞춰진 학습지를 제공받고 인공지능(AI)를 통해 맞춤형으로 문제 풀이를 제공받을 수 있습

니다. 또한 학습내역을 기록을 통해 나의 학습 향상도를 파악할 수 있고 목표를 세워 가상의 친구들에게 공유함으로써 함께 공부를 할 수도 있습니다.

이렇게 메타버스에서는 코로나19로 인해 발생된 대면활동의 제약을 극복하고 학교에서 할 수 있는 다양한 활동을 학습자에게 맞춤형으로 설계할 수 있습니다. 학급을 넘어 다른 학급의 활동을 보며 실시간으로 피드백을 주고받고, 자신의 학습을 점진적으로 발전시켜 나갈 수 있습니다. 원격수업 외에도 장소에 구애받지 않고 다른 지역의 학생들과 만날 수 있기에 학교와 지역사회와의 연계가 가능하고, 학교 밖 교육을 보다 자연스럽게 할 수 있습니다. 지금 이 시간에도 교육격차를 해소하기 위해 다양한 형태의 콘텐츠가 메타버스에서 생산되고 있습니다.

04.03. 시대적·사회적 요구에 맞는 인재 양성

지금의 현실은 인공지능, 메타버스 등 디지털 기술의 일상생활 화가 가속되고 있습니다. 첨단 기술이 발달함에 따라 일상생활과의 연결이 활발히 시도되고 있고 온라인 소통 등 전통적인 소통 방식이 변화되었습니다. 개개인의 요구를 충족하는 디지털 산업이 발전함에 따라 미래교육의 비전도 나란히 수정되었고 그에 맞는 인재 양성도 요구되고 있습니다.

메타버스 공간에서는 '가르침'보다는 '배움'의 장을 실현할 수 있습니다. 'Know'의 개념을 넘어 'Do', 'Live'의 개념이 내포된 앎을 배울 수 있습니다. 메타버스의 공간에서 능동적으로 움직이고 프로젝트를 설계하면서 자기주도적 학습능력을 기를 수 있습니다. 메타버스 체험과 공간 구축을 위해 지식을 구성하고 문제를 해결하는 등 가상에서도 실제 삶의 지식을 바로 적용될 수 있는, 이른바 '학습과 삶의 균형 성장'을 추구할 수 있습니다.

개인의 요구를 충족시킬 수 있는 메타버스 환경을 통해 삶을 주체적으로 살아갈 수 있는 능력도 기를 수 있습니다. 소비자 뿐만 아니라 생산자로서의 경험도 가능해 자신이 가진 창의력을 메타버스에서 구현할 수도 있습니다. 내가 가지고 있지 않은 경험을 메타버스를 통해 간접 경험을 함으로써 불확실한 환경에 있더라도 유연하게 대처할 수 있습니다.

메타버스에서 시공간을 초월하여 온라인으로 소통하면서 자연스럽게 익히게 되는 조정, 협력, 공존, 상생 등의 상호작용을 하면서 공동체성을 기를 수 있고 이는 다양성 이해가 요구되는 세계시민으로서의 역량도 기를 수 있습니다. 자기표현이 강한 MZ 세대의 학생들이 메타버스 공간에서 사회적 소통 방식을 배워 사회의 성장에 필요한 덕목을 익힐 수 있습니다.

05 메타버스 활용 시 이런 점을 고려하자!

메타버스가 도입되기 위해서는 기술적, 법·제도적, 윤리적 측면에서 고려를 해야 합니다. 하나씩 살펴보겠습니다.

05.01. 기술적 측면

메타버스 플랫폼을 활성화하기 위해서는 네트워크 환경을 포함한 시스템 활용을 위한 계정 보급, 기기 등의 인프라가 확충되어야 합니다. 그리고 가상현실 체험을 위한 장비가 주는 피로감, 어지럼증 등을 개선하기 위한 장비 성능의 향상도 필요합니다. 무엇보다도 교육에 맞는 메타버스 플랫폼 및 다양한 교수학습 상황에 맞는 콘텐츠도 개발되어야 합니다.

05.02. 법·제도적 측면

메타버스의 기술은 빠른 속도로 발전하고 있지만, 메타버스 자체에 대한 법은 현재 마련 중에 있습니다. 이에 따라 각 플랫폼마다 메타버스를 사용 가능한 연령도 국내에서는 마련되어 있지 않고 있습니다. 유해 콘텐츠를 차단하고 상업적 거래를 규제할 수 있는 안전장치 등이 필요한 실정입니다. 메타버스를 교육에 효과적으로 활용하기 위한 전략 및 가이드를 개발하여 배포하여 안전하게 교육적으로 시도될 수 있는 환경을 마련해야 합니다.

05.03. 윤리적 측면

메타버스는 개인 간 상호작용을 바탕으로 이뤄지기에 이용자의 문제가 발생할 수 있습니다. 개인정보 유출, 불법 복제, 지적 재산권, 저작권 문제를 포함하여 현실에서 청소년이 겪는 문제가 메타버스 환경에서 그대로 나타날 수 있습니다. 아바타 스토킹, 아바타 성희롱, 메타버스 속 따돌림 등을 포함해 가상세계에 빠져 현실세계로부터 도피하려는 현상 및 정체성의 혼란까지 초래할 수 있습니다.

05.04. 보완방안

메타버스가 더 나은 하나의 교육수단으로 성장하기 위해서 필요한 것을 살펴보겠습니다.

첫째는 '학생들에게 STEAM, SW, AI 교육이나 교과별 성취기준을 도달할 수 있는 교육내용과 같은 유의미한 경험을 제공해 줄 수 있는 콘텐츠를 탑재하고 있는가?'입니다. 가상공간에서 게임적 요소만 포함되는 등 재미에 치우치지 않고 학습에 대한 목표 달성에 초점을 달성할 수 있는 콘텐츠를 선택하는 것이 중요합니다.

둘째는 '가상공간에서의 규칙이 마련되어 있는가?'입니다. 메타버스는 높은 자유도를 제공하기에 사용자를 통제하는 것이 어려워 산만한 분위기가 연출될 수 있습니다. 현실과 마찬가지로 메타버스는 하나의 사회입니다. 교실에서도 지켜야 할 규칙이 있듯이 메타버스에서도 적용되어야 할 규칙이 마련되어야 합니다.

셋째는 '교사가 콘텐츠를 제작, 공유할 수 있는가?'입니다. 짧은 기간에 교육의 트렌드로 자리 잡게 된 메타버스가 수업 중에도 적절하게 활용되기 위해서는 교육 환경을 조성할 수 있는 교사의 역량이 필요합니다. 학생들은 새로운 변화에도 빠르게 적응하는 특성을 가지고 있습니다. 메타버스에 대해 학생들의 수요를 맞추기 위한 활용 안내 및 교수법 등의 연수를 통해 교사도 꾸준히 디지털 리터러시를 길러야 할 것입니다.

넷째는 '교육적으로 해로운 콘텐츠를 차단할 수 있는가?'입니다. 가상공간에서 일어날 수 있는 언어폭력, 유해 콘텐츠 노출, 과몰입 등의 부작용을 해소하기 위해서는 꾸준한 정보통신윤리교육을 비롯하여 법과 제도가 마련되어야 할 것입니다.

06 미래형 메타버스 교육과정을 살펴보자!

중등 선생님: 선생님! 메타버스를 중·고등학교 교육과정에 연계시킬만한 사례가 있을까요?

초등학생뿐만이 아니라, 중학생이나 고등학생도 메타버스를 활용한 수업을 다양한 활동으로 구성할 수 있습니다. 초·중등학교급별로 간단히 사례를 소개해 드려 볼게요.

06.01. 미리 펼쳐 보이는 초등 미래교육 '메타버스 수학 페스티벌'

교육은 '백년지 대계(百年之大計)'라는 말이 있습니다. 당장 눈에 보이는 결과보다는 100년을 내다보고 계획을 세우라는 의미로, 교육은 미래를 위한 투자입니다. 제가 생각하는 초등 미래교육의 핵심은 학교 공간혁신을 통한 창의성 증진, 자기 주도성, 디지털 교육 환경에 맞는 교수·학습평가 체제 구축입니다. 이 세 가지의 키워드를 모두 담아 실천한 '메타버스 수학 페스티벌'의 사례를 소개합니다.

미래의 학교는 물리적인 공간의 의미를 넘어 다양한 학습과 경험을 융합할 수 있는 확장된 의미의 공간이 필요합니다. 그것은 바로 '공간 혁신'으로, 천편일률적으로 만들어진 공간 대신에 학생의 수요를 반영한 다양한 크기의 공간과 전시, 휴식, 체험 등 용도별로 다양한 공간을 구성해야 합니다. 최근 이를 반영하여 학교 안에서도 '행복공간'의 개념으로 공간 혁신이 도입되고 있지만, 즉각적인 변화를 일으키기에는 물리적인 시간이 필요합니다. 메타버스는 이러한 물리적 공간의 제약을 단번에 넘을 수 있습니다. '수학 페스티벌'은 대개 강당과 같은 큰 공간에서 작은 부스를 만들어 진행하기에 쌍방향 소통을 하며 체험하기에는 한계가 있습니다. '메타버스 수학 페스티벌'에서는 부스 체험뿐만 아니라, 수학 방탈출게임, 수학 작품 감상, 수학 O, X 게임, 매쓰런 등 다양하게 마련된 공간에서 수학을 체험할 수 있습니다.

미래교육하면 '자기 주도성'을 빼놓을 수가 없을 정도로 학생들의 자기주도적인 학습이 중요합니

다. 학습의 몰입력을 위해서는 끊임없이 학습에 흥미를 일으킬 수 있는 요소를 투입해야 하는데, 최근에는 '게이미피케이션(Gamification)'이라는 이름으로 학습에 게임의 요소를 접목한 콘텐츠가 많이 생산되고 있습니다. 대표적인 예로 방탈출게임이 있습니다. 메타버스는 단연 게이미피케이션에 최적화되었습니다. '메타버스 수학 페스티벌'에는 아바타로 대표되는 많은 학생들이 공간에 구성된 다양한 미션을 해결하기 위해 이리저리 이동하고, 수학 방탈출게임에 참여하여 자신이 배운 수학적 지식을 접목해서 문제를 풀어나갈 수 있습니다.

메타버스가 대세가 되는 만큼 미래교육을 준비하기 위해서는 디지털 환경에 따른 교수·학습평가 체제가 구축되어야 합니다. 코로나19로 촉발된 2020년 비대면 교육의 상황에서는 교육과정을 정상적으로 운영하기가 어려웠습니다. 교육 행사 등 모든 축제가 취소되는 상황이 발생하였습니다. 온라인 교육 첫해의 경험을 돌이켜보며 2021년에는 다양하게 비대면으로 교육을 할 수 있는 여건이 마련되었습니다. 메타버스를 온라인 교육의 일환으로 자리 잡게 된다면 메타버스 공간에서의 교수·학습평가 방식도 마련될 필요가 있습니다.

'메타버스 수학 페스티벌'에서는 체험부스에서 여러 수학 활동을 체험할 수 있고, 캠을 통해 수업을 할 수도 있으며 배운 수학적 지식을 O, X 퀴즈, 방탈출게임, 매쓰런 등을 통해 평가를 하고 기록으로 저장할 수도 있습니다.
또한 배운 수학적 지식을 친구들과 함께 공유하고 활동 결과물을 공유할 수도 있습니다.

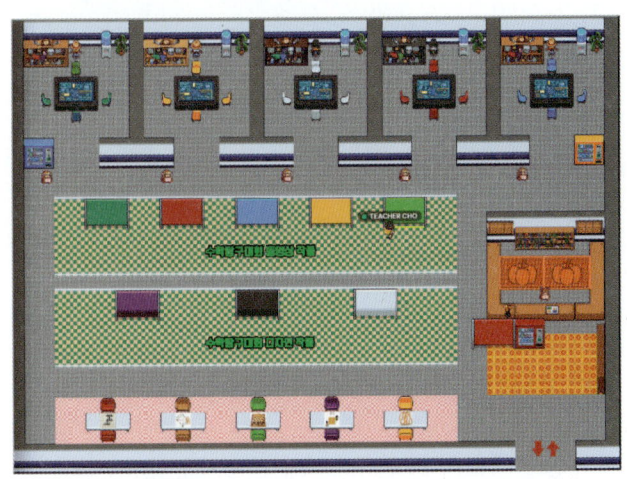

*직접 직은 사진임, 링크 주소:
https://gather.town/app/aMCTNqEUQHke3LyA/2021%20GUSAN%20MATH%20FESTA

06.02. 미리 펼쳐 보이는 중등 미래교육 '메타버스 진로교육'

그렇다면, 중등에서는 어떻게 활용할 수 있을까요? 교육부가 최근 발표한 2022 개정 교육과정에 따르면 중등 교육과정에서는 중학교 1학년 자유학년제가 자유학기제로 축소되는 대신 3학년 및 고등학교 3학년 시기에 진로연계학기가 운영됩니다. 고등학교 입학 전 고교 학점제에 대한 이해를 돕고 대비할 수 있는 시간을 갖도록 하기 위함입니다. 학생의 역량을 강화하는 자유학기 활동 운영 내실화 목적으로 강조되고 있는 것이 바로 진로탐색 활동입니다. 자유학기 활동의 주제 선택, 예술체육, 동아리활동이 모두 진로탐색 활동 안에 요소로 포함할 수 있습니다.

이처럼 중등교육은 진로교육이 강조되고 있습니다. 학생의 적성과 소질을 탐색하고 스스로 미래를 설계할 수 있도록 체계적인 진로교육이 필요합니다. '애니메이터'라는 직업을 예로 설명하겠습니다. '애니메이터'는 애니메이션 기획, 창작, 연출, 디자인, 채색, 촬영, 편집 등 제작의 전 분야를 담당하는 직업입니다. 애니메이터에 대한 공통의 관심사로 동아리를 구성하며 모인 학생들이 코로나19 장기화 속에서 대면 활동을 하지 못하는 상황에 처해있다면 어떻게 해결할 수 있을까요? 정답은 바로 메타버스 플랫폼에서 동아리 활동을 하는 것입니다. VR 기기를 활용하여 가상현실에서 그림을 3D로 그리고, 도화지 없이도 내가 있는 그 자리가 캔버스가 됩니다.

*출처: https://youtu.be/ZYLDzJZd8QE

주제 선택 활동은 어떻게 가능할까요? 주제 선택 활동은 중·장기에 걸친 프로그램 중심으로 운영되어야 하기에 학생들의 지속적인 흥미를 유발할 수 있는 요소가 필요합니다.
그 요소는 바로 메타버스입니다.

중·고등학생들은 초등학생들에 비해 메타버스 플랫폼에 많이 노출되어 있기에 더욱 자유롭게 이용할 수 있습니다. 제페토에서 상황극, 단편 드라마 제작이라는 주제로 예를 들어보겠습니다. 제작에 필요한 캐릭터 설정 및 디자인, 상황, 역할, 대사, 행동, 자막, 편집, 더빙 등 프로젝트를 추진하여 학생들에게 역할을 부여한다면 국어 교과뿐만 아니라 연극 수업 등 범교과 영역에도 연계가 가능합니다. 학생들이 주어진 역할에 대해 강점을 가지고 있다면 다양한 소질과 잠재력을 계발할 수도 있어서 자연스럽게 예술체육 활동으로도 연관 지을 수 있습니다.
메타버스에서는 스스로 미래를 설계할 수 있도록 진로탐색 활동에서도 가능하게 합니다. 청소년들이 코로나19에도 안전하게 진로상담을 받을 수 있도록 관련 메타버스를 구축할 수 있습니다.

*출처: https://youtu.be/bSKKRXKz798

메타버스 공간이 익숙한 MZ세대는 가상공간을 통해 현실에서의 제약된 상담에 대한 욕구를 충족할 수 있고 대면 상담의 부담도 덜 수 있다는 장점이 있습니다.

이외에도 진로 멘토링, 진로박람회, 진로체험 등을 할 수 있습니다. 자세한 사례는 앞으로 등장하게 될 여러 메타버스 플랫폼에서 설명할 예정입니다.

또한 메타버스의 확장으로 다양하게 새로 생겨날 직업에 대해 알아보면서 미리 역량을 기를 수도 있습니다.

정보처리학회지에서 예상한 메타버스가 창출하는 문화 여가 분야 신종 직업은 다음과 같습니다.

*출처:메타버스로 진행한 진로상담 "신기해요", 한겨레,
https://n.news.naver.com/article/028/0002562127

분야	신종 직업 유형
문화 예술	메타버스 전용 영화, 공연, 전시 등 기획자, 제작자, 공연자, 감독 등
콘텐츠	메타버스 건축자(World Builder), 아바타 제작자, 패션(skins) 디자이너 등
체육	전용 경기 개발자, 운동선수, 트레이너, 메타버스 게이머, 생활형 콘텐츠/기기 개발자
관광	메타버스 전용 관광업, 투어 가이드, 상품 개발자, 맵 건축가 등

* 출처: 『메타버스의 개념과 발전 방향』, 고선영 외, 정보처리학회지, 2021

이처럼 초중고에서 다양하게 사용되는 메타버스는 이제 머지않은 미래에 필수로 자리 잡게 될 것입니다. 지금까지 진행되어 온 사례를 바탕으로 교육 분야에서의 무한한 확장성을 기대해 봅니다.

현실을 넘어
더 현실 같은 거울세계!

CHAPTER 07

거울세계 활용 교육 준비하기

01. 거울세계를 알아보자!
02. 거울세계 특성을 알아보자!
03. 거울세계 활용 사례를 알아보자!

01 거울세계를 알아보자!

우리가 길을 찾기 위해 사용하는 지도 앱, 집을 구할 때 사용하는 부동산 앱처럼 현실세계의 모습, 정보, 구조 등을 그대로 가져오거나 혹은 축소해서 마치 거울에 비춰보는 것처럼 복사하듯이 만들어 낸 메타버스를 거울세계라고 합니다. 거울세계는 현실세계에 **효율성과 확장성**을 더해서 만들어집니다.

02 거울세계 특성을 알아보자!

코로나19로 인해 이용자 수가 이전보다 크게 증가한 배달 앱인 '배달의민족'을 예로 거울세계의 특성에 대해 자세히 알아보겠습니다. 배달의민족 앱은 현실세계에 존재하는 수많은 요식업체를 앱이라는 하나의 가상세계에 모아놓았습니다. 이 중에는 실제로 오프라인 매장에서 손님들을 맞이하는 곳도 있지만 배달만 전문으로 하는 곳도 있습니다. 배달의민족과 같

*출처:http://img.woowahan.com/www/common/baemin.jpg

은 배달 앱을 사용하는 사람이 많아지면서 전통적인 식당의 운영 시스템에도 변화가 찾아왔습니다. 손님들이 앉아서 식사하는 공간을 아예 없애고 배달만 전문으로 하는 식당들이 늘어나고 있는데 이와 함께 '공유 오피스'처럼 하나의 장소에 여러 개의 주방을 만들어 놓고 각기 다른 가게의 사람들이 이를 임대하는 '공유 주방'도 등장했습니다.

그렇다면 직접 가게에 전화로 배달 주문을 해도 될 텐데 사람들은 왜 배달 앱을 즐겨 쓸까요? 첫째, 전화를 걸면 통화가 바로 이루어지지 않을 수 있고 어떤 메뉴가 있는지 한눈에 살펴볼 수 없습니다. 또한, 매번 주문을 할 때마다 똑같은 주소와 메뉴에 대해 말로 전달해야 하므로 귀찮게 느껴질 수 있습니다. 하지만 이런 모든 과정을 스마트폰만 있으면 배달 앱 내에서 터치 몇 번으로

끝낼 수 있고 결제도 미리 저장된 카드를 이용하여 쉽고 빠르게 이루어집니다. 이러한 것들이 바로 거울세계가 가진 **효율성**입니다.

둘째, 배달 앱에는 식당마다 그 식당을 이용한 고객들이 남긴 별점, 후기 등이 다양하게 올라옵니다. 후기를 남길 경우 사장님의 피드백도 받아볼 수 있습니다. 또한, 식당에 대한 간단한 소개, 특징, 위치 등도 함께 제공됩니다. 이런 다양한 정보를 바탕으로 우리는 시행착오를 최대한 줄이며 맛있는 음식을 선택할 수 있습니다. 게다가 옛날처럼 저마다 다른 식당의 쿠폰을 따로 모으지 않고 음식을 주문할 때마다 식당의 종류에 상관없이 하나의 포인트로 적립이 되며, 이벤트에서 나눠주는 쿠폰을 활용해 다양한 할인 혜택도 받을 수 있습니다. 주문을 마치면 배달 예상 시간도 알 수 있습니다. 이것이 바로 거울세계가 가진 특성이자 장점인 정보의 **확장성**입니다. 이러한 정보는 현실세계에서는 확인할 수 없는 정보들입니다.

이렇게 거울세계에서 얻을 수 있는 다양한 정보들은 인공지능 기술과 융합하여 자율주행, 건축 등 현실세계의 문제를 해결하는 데 도움을 줄 수 있습니다. 또한, 시간이 흘러 기술이 점점 발전될수록 거울세계는 시시각각 변하는 현실세계의 모습을 보다 세세하게 반영하여 점점 현실세계와 비슷해질 것으므로 사용자들은 좀 더 몰입감 있게 거울세계를 이용할 수 있게 될 것입니다.

03 거울세계 활용 사례를 알아보자!

거울세계는 이미 많은 분야에서 사용되고 있습니다. 이 중에는 우리가 익숙하게 사용했던 플랫폼도 있을 것입니다. 이번에는 국내, 국외에서 사용되고 있는 거울세계의 사례에 대해 알아보겠습니다.

03.01. 티맵

티맵(Tmap)은 티맵모빌리티에서 제공하는 길 안내 서비스 앱입니다. 2002년 SKT에서 첫 서비스를 시작하여, 2021년 한 달에 한 번이라도 서비스를 이용해 본 사용자 수는 1000만 명이 넘을 정도로 많은 사람들이 사용하고 있습니다. 티맵은 기본적으로 네비게이션 기능을 지원하기 때문

*출처: https://play.google.com/store/apps/details?id=com.skt.tmap.ku&hl=en_US&gl=US

에 현실세계의 도로의 모습을 그대로 옮겨 놓아 길을 찾을 때 큰 도움을 줍니다. 음성인식 비서인 누구(NUGU)를 이용하여 자동차를 운전하는 중에도 별다른 조작 없이 음성으로 명령을 내리는 등 편리하게 이용할 수 있습니다. 또한, 실시간 교통정보를 바탕으로 정체되는 도로를 우회할 수 있도록 다양한 종류의 경로를 안내해 주며, 주변 주유소의 유가 정보, 주차장, 음식점 등의 위치를 쉽고 빠르게 알 수도 있습니다. 자신의 차량의 운전 기록(과속, 급가속/감속)을 바탕으로 운전 점수를 매겨주기도 합니다. 최근에는 대리운전, 공유 킥보드, 전기차 충전소 등을 쉽게 이용할 수 있도록 이동 관련 서비스를 강화하고 있습니다.

03.02. 구글 어스

구글 어스(Google Earth)는 구글이 제공하는 위성사진 열람 서비스로 위성 이미지, 지도, 지형 및 3D 건물 정보 등 전 세계에 있는 여러 지역의 정보를 제공합니다. 2005년 6월 28일부터 배포하기 시작했으며, 현재까지 지속적으로 업데이트되고 있고 전 세계 사람들이 사용할 수 있도록 30개 이상의 언어로 제공되고 있습니다.

구글 어스는 지구를 입체적으로 묘사했기 때문에 그 어떤 지도보다도 실제와 가깝게 우리가 살고 있는 세계를 가상공간에 담고 있습니다. 또한, 단순히 위성사진만 열람하는 것이 아니라 스트리트 뷰 서비스를 통해 특정 지점의 실제 모습을 360도 파노라마 이미지로 살펴볼 수 있고, 이것은 구글 어스 사용자가 업로드한 사진도 반영하고 있어 한 장소의 다양한 모습을 관찰할 수 있습니다.

구글 어스는 일반 지도가 제공하는 기본적인 지리 정보뿐만 아니라 지형과 건물들을 입체적으로 표현하고 있습니다. VR 기기를 이용하여 지구의 모습을 살펴볼 수도 있으며 위성사진을 활용한 타임랩스 기능도 있어 도시의 발전상이나 자연환경의 변화 등을 한눈에 볼 수 있습니다. 추가적인 기능을 제공하는 구글 어스 프로(Google Earth Pro)를 이용하면 달과 화성의 모습도 살펴볼 수 있습니다. 이러한 특징들 덕분에 구글 어스는 학교 수업에서 교육자료로 다양한 활용이 가능합니다. 이후에 구글 어스를 활용한 다양한 수업 사례에 대해 소개해 드리도록 하겠습니다.

03.03. 어스2

*출처:https://blog.kakaocdn.net/dn/FVgEJ/btq53QE2ovn/WYPH8IQs1lgoUNIKCoDaYK/img.png

'어스2(Earth 2)'는 호주 개발자인 '셰인 아이작'이 만든 '구글 어스'를 기반으로 한 가상 부동산 거래 플랫폼입니다. 실제 지구(어스1)와 동일한 크기인 가상의 지구를 $100m^2$ 단위의 정사각형 타일 모양의 땅으로 나눠 사용자끼리 크레딧(자신이 소유한 땅을 팔거나 현금을 이용해 충전 가능)을 이용해 자신이 소유한 땅을 사고팔 수 있습니다. 기본적인 이용 방법은 땅 소유자가 내놓은 매물을 사거나 경매를 제안한 뒤 운영사에 돈을 내고 가상부동산을 구매하는 형식입니다. 최초에는 1타일 크기의 땅이 0.1달러의 가격으로 판매됐지만 2021년 6월 1일 기준, 대한민국의 경우 1타일 당 26달러를 기록하면서 높은 상승률을 보여주고 있습니다.

이처럼 어스2는 운영 초기에는 몰입형 가상현실(VR) 등 새로운 경험을 원하는 게임 개발자 등 일부 유저들만 이용했지만 2021년 초 세계적으로 메타버스에 대한 관심도가 높아지고 이에 따라 가상 자산 투자 열기가 뜨거워지면서 일반인 투자자들의 참여가 증가하고 있습니다. 현재로서는 사용자가 토지를 매매하거나 보유한 토지에 대한 배당금을 통해 수익 창출이 가능하며 향후 토지에서 나오는 자원이나 광고를 통한 수익이 추가될 예정이라고 합니다.

03.04. 에어비앤비

에어비앤비(Airbnb)는 2008년 8월 미국 샌프란시스코에서 시작된 세계 최대의 숙박 중개 서비스입니다. 사람들은 에어비앤비를 통해 자신이 보유한 아파트, 오피스텔, 건물 등을 사용하지 않는 기간에 다른 사람에게 임대하여 수익을 창출할 수 있습니다. 에어비앤비는 이를 위해 집의 내부 구조, 방의 모습을 비롯하여 사용할 수 있는 가전제품과 집기류

*출처:https://image.ytn.co.kr/general/jpg/2021/1105/202111051050482153_t.jpg

등과 이전에 사용했던 이용자들의 후기를 살펴볼 수 있도록 제공합니다. 즉, 구글 어스가 우리가 공유하며 살고 있는 외부 공간을 거울세계로 옮겼다고 한다면 에어비앤비는 개인이 생활하는 집 내부의 모습을 거울세계에 옮겨 놓았습니다. 덕분에 에어비앤비는 전통적인 숙박 사업자처럼 자체적으로 거대한 호텔, 아파트 등을 보유하고 있지 않지만 다양한 종류의 숙박 장소를 제공할 수 있는 플랫폼으로 큰 성공을 거둘 수 있었습니다.

03.05. 네이버 랩스의 '아크버스'

*출처: https://www.sedaily.com/NewsView/22MDTKG9PK
*관련 영상: https://youtu.be/X0FYH4vIIwg,
https://youtu.be/jUUN_Fct7-Y

제페토라는 가상세계 메타버스로 큰 성공을 거둔 네이버는 자회사인 네이버 랩스를 통해 '아크버스'라는 거울세계 메타버스 플랫폼을 개발했습니다. 네이버 랩스는 항공사진, 자동차와 저고도 비행 드론으로 수집한 데이터와 AI 기술을 활용하여 대규모 도시 단위의 거울세계(디지털트윈)를 구축하는 '어라이크(ALIKE)' 솔루션을 만들었습니다. 이를 바탕으로 이미 서울시 전역을 3D 모델로 구축을 완료했고 이후 정부의 지원을 받아 인천시로 확대해갈 예정이라고 합니다. 이렇게 구축된 거울세계는 단순한 가상 공간보다 활용도가 높은데, 일례로 새로운 건물을 지을 때 일조량 변화를 계산하거나 도로를 만들 때 교통량의 변화를 예측할 수 있습니다. 또한, 자율주행 자동차가 움직일 때 참고하는 초정밀 3D 지도의 역할도 수행합니

다. 즉, 앞으로 만들 스마트 도시를 구현하는 기초작업이 되기 때문에 정부 차원에서도 거울세계를 만드는 디지털 트윈 사업을 적극적으로 추진하고 있습니다.

03.06. 미네르바 스쿨

*출처: https://m.segye.com/view/20210916515737

미네르바 스쿨은 IT기업 스냅피시(Snapfish) 경영자 벤 넬슨이 2014년에 설립한 미래형 대학입니다. 미네르바 스쿨은 캠퍼스가 있는 다른 대학들과 다르게 모든 수업을 온라인으로 진행합니다. 수업은 비디오 채팅 기반 온라인 가상 교실 플랫폼인 '액티브 러닝 포럼(Active Learning Forum)'을 사용합니다.

액티브 러닝 포럼 내 인공지능 시스템은 학생의 음성을 인식하여 교수의 컴퓨터 화면에 학생의 발언 빈도를 표시하여 모든 학생들이 균등하게 발언을 할 수 있도록 합니다. 이를 통해 학생들의 적극적인 수업 참여를 이끌어냅니다. 게다가 학생들이 수업 시간에 다른 화면을 보고 있는 것도 자동으로 체크하여 마치 실제 강의실에서 수업을 듣는 듯한 느낌을 줍니다.

미네르바 스쿨이 일반 대학과 다른 점을 정리해보면, 미네르바 스쿨은 거대한 캠퍼스를 가진 대학을 거울세계로 옮겨 놓았기 때문에 건물과 시설 등 유지, 보수하는 비용을 절약하여 학생들의 등록금을 대폭 낮췄습니다. 그리고 모든 수업을 온라인으로 진행하기 때문에 수업 시간 활용에 있어서도 효율성을 높였습니다.

또한, 온라인 교실 플랫폼의 기능을 활용해 수업에 대한 학생들의 참여율을 높이고 집중력을 향상시켰습니다. 특정한 캠퍼스에서 머무는 것이 아니라 전 세계의 다양한 나라를 돌아다니고 그곳에서 기숙사 생활을 하며 지역의 문제를 직접 해결해보는 지역기반 과제(LBA) 프로젝트 학습을 실시하여 학생들의 배움의 공간을 보다 더 확장하고 있습니다.

03.07. 폴드잇

*출처: https://namu.wiki/w/Fold%20It?from=%ED%8F%B4%EB%93%9C%EC%9E%87

워싱턴대에서 단백질 구조를 연구하는 데이빗 베이커 교수는 2008년 아미노산을 회전시키고 구부리며 단백질 분자 구조를 구성해가는 일종의 시뮬레이션 게임인 폴드잇(Foldit) 플랫폼을 개발했습니다. 바이러스 돌기는 인간의 세포 표면에 붙어 질병을 유발하는데, 이때 치료제에 포함된 특수한 단백질 구조물은 바이러스 돌기와 세포 사이에 끼어들어서 감염을 막아내는 역할을 합니다. 단백질은 아미노산들이 사슬 형태로 복잡하게 연결된 구조를 가지기 때문에 바이러스로 인한 질병을 치료하기 위해서는 바이러스의 돌기의 형태에 맞는 아미노산의 구조를 발견하는 것이 무엇보다 중요합니다.

폴드잇은 생명과학이나 아미노산에 대한 전문 지식이 없어도 간단한 튜토리얼을 통해 누구나 참여가 가능합니다. 데이빗 베이커 교수는 한정된 자원으로 운영되는 연구실에서 벗어나 전 세계 사람들의 도움을 받고자 폴드잇을 온라인 실험실로 활용했고 10년 동안 많은 과학자들이 풀지 못했던 에이즈 바이러스 치료를 위한 단백질 구조를 6만 명의 온라인 참가자가 단 10일 만에 풀어내는 놀라운 성과를 거둬들이게 됩니다. 순차적으로 모든 경우를 대입해보는 컴퓨터와 다르게 단백질의 구조를 발견하는 데에는 사람의 직관과 창의력이 더 효과적인 결과를 가져온 것입니다. 현재 워싱턴대 연구팀은 폴드잇을 활용해 코로나19 바이러스 치료 단백질에 대한 연구를 이어나가고 있다고 합니다. 이처럼 폴드잇과 같은 온라인 의학 실험실은 거울세계의 특징인 효율성과 확장성이 의학 분야에도 활용되어 현실세계를 이롭게 할 수 있다는 것을 보여주는 사례 중 하나입니다.

CHAPTER 08

거울세계 활용하기

04. 구글 어스 사용법을 알아보자!
05. 구글 어스 추가 기능을 알아보자!
06. 거울세계 활용 교육! 초·중등 수업, 이렇게 해보세요!

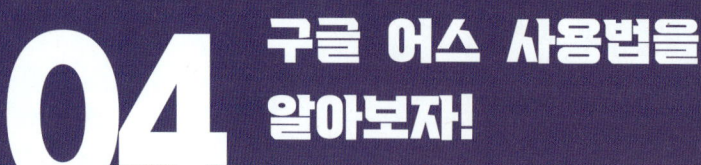 

04 구글 어스 사용법을 알아보자!

구글 어스(Google Earth)는 지구의 모습을 그대로 옮겨 놓은 3차원의 지도이기 때문에 사회 교과 등의 수업에 다양하게 활용될 수 있습니다. 추가적인 프로그램 다운로드 없이 웹사이트에서 바로 실행이 가능하기 때문에 간편하게 사용이 가능합니다. 단, pro 버전 사용 시 별도 설치가 필요할 수 있습니다. 지금부터 구글 어스의 기본적인 사용 방법에 대해 알아보겠습니다.

① 크롬 브라우저에서 구글 어스를 검색합니다.

-바로 접속할 수 있는 링크 주소는 https://earth.google.com/web/ 입니다.

② 구글 어스 사이트를 클릭합니다.

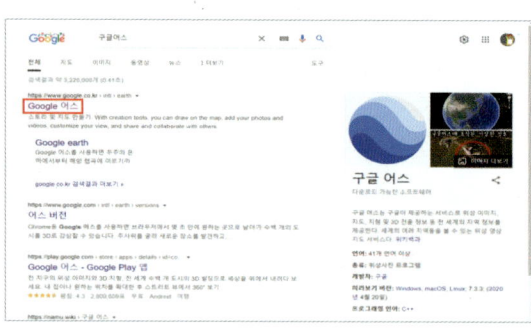 

-구글 첫 화면 도구 모음 메뉴에서 바로 구글 어스에 접속할 수도 있습니다.

③ 어스 실행을 클릭하여 구글 어스에 접속합니다.

④ 마우스 좌측 버튼이나 방향키를 이용해 지구를 회전시킬 수 있습니다.

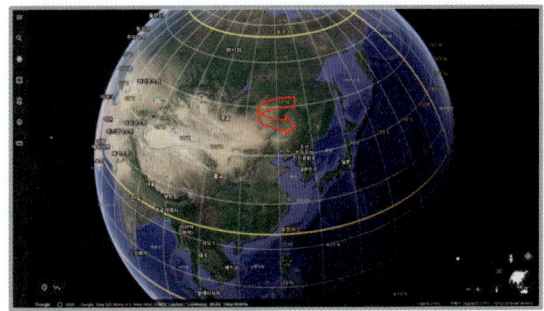

⑤ 마우스 휠 버튼이나 화면 우측 하단의 -/+버튼을 활용하여 지도를 축소, 확대할 수 있습니다.

⑥ 화면 우측 하단의 표적 모양 버튼을 클릭하면 현재 내 위치로 이동이 가능합니다.

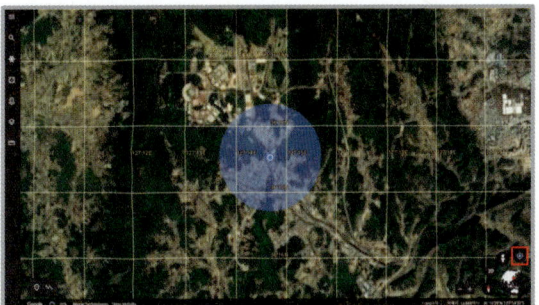

⑦ 화면 우측 하단의 사람 모양 버튼을 클릭한 뒤 파란색으로 강조 표시가 된 위치 중 원하는 곳을 선택하면 구글 스트리트 뷰와 연동하여 360도 파노라마 이미지로 실제 모습을 확인할 수 있습니다.

⑧ 360도 파노라마 이미지에서도 마우스 좌측 버튼을 이용하여 시점 이동, 마우스 휠을 이용하여 화면 확대/축소가 가능합니다.

⑨ 마우스 휠을 누른 상태로 움직이면 지도를 회전시킬 수 있습니다. 또는, 우측 하단의 나침반 버튼을 더블 클릭하면 지구본과 위치가 바뀌면서 지도 회전이 가능해집니다.

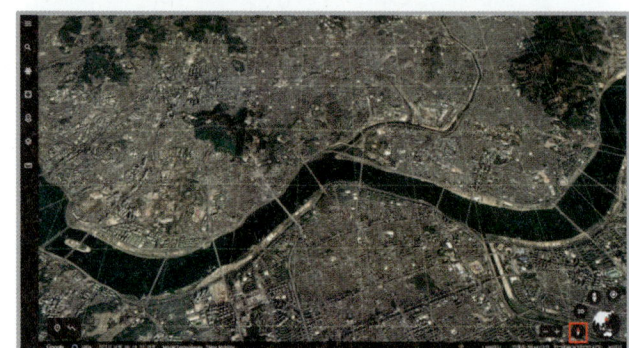

⑩ 쌍점 부분을 클릭하여 움직이면 지도를 회전시킬 수 있고 나침반 버튼을 클릭하면 다시 정북 방향으로 돌아옵니다. 나침반 버튼을 클릭한 채로 위아래로 움직이면 지도를 기울여서 볼 수 있습니다.

⑪ 화면 좌측 메뉴의 돋보기 버튼을 클릭하면 원하는 장소를 검색하여 쉽고 빠르게 위치를 확인할 수 있습니다. 또한, 검색한 장소에 대한 정보를 간단하게 열람할 수도 있습니다. 종이비행기 버튼을 클릭하면 검색한 장소로 이동이 가능합니다.

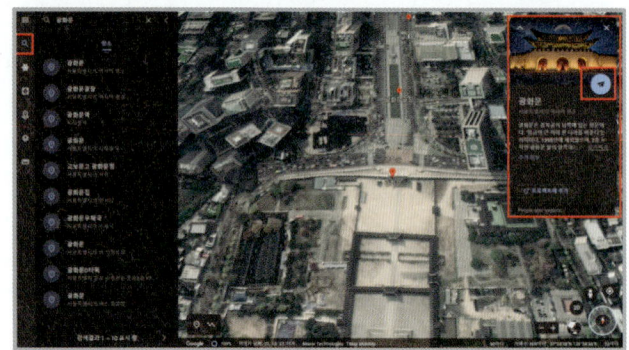

⑫ 구글 어스는 세계적인 명소와 지형(산지)의 경우 3D 이미지 보기를 제공합니다. 아쉽게도 우리나라의 경우 안보상의 이유로 지도 데이터 유출을 금지하고 있기 때문에 지원되는 부분은 현재로서는 산의 높낮이 정도입니다. 3D 이미지를 보기 위해서 화면 좌측 메뉴의 지도 스타일 버튼을 클릭하면 3D 빌딩 보기를 활성화합니다.

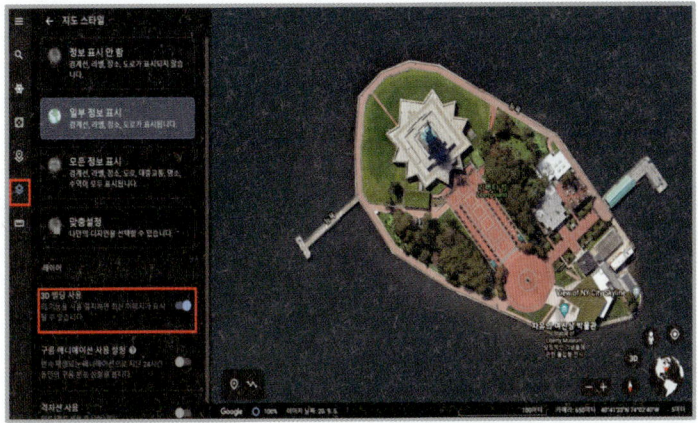

⑬ 다시 위에서 내려다 보는 방향으로 돌아오려면 2D 버튼을 클릭하면 됩니다.

⑭ 화면 좌측 메뉴의 지도 스타일 버튼을 클릭하면 지도에 표시될 데이터를 조정할 수 있습니다.

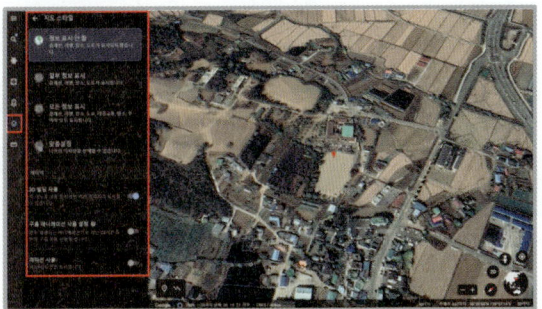

⑮ 화면 좌측 메뉴의 자 버튼을 클릭하면 지도상에서 거리를 측정할 수 있습니다.

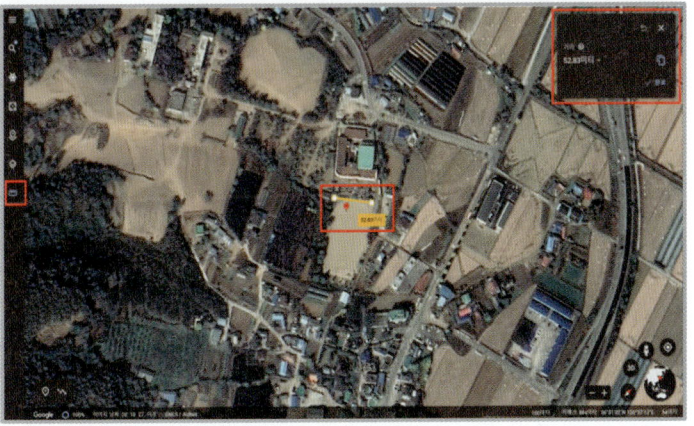

⑯ 측정선을 이어서 원하는 면적을 지정해주면 넓이도 알 수 있습니다.

⑰ 구글 어스에서는 일반사용자들이 특정 위치에서 찍은 사진도 살펴볼 수 있습니다. 화면 좌측에 있는 메뉴 버튼을 클릭합니다.

⑱ 사진 항목을 활성화하면 일반 사용자들가 찍은 사진을 살펴볼 수 있습니다.

05. 구글 어스 추가 기능을 알아보자!

구글 어스(Google Earth)를 활용하여 실제 수업에 활용 가능한 추가 기능에 대해 알아보겠습니다.

05.01. 구글 어스로 떠나는 랜선 여행

구글 어스를 활용하면 국내뿐만 아니라 세계 여러 나라의 다양한 장소의 모습을 살펴볼 수 있습니다. 이 기능을 이용해 교실에서 랜선 여행을 떠날 수 있습니다. 원하는 지역의 이름을 안다면 검색을 활용하면 되고 그렇지 않다면 임의의 장소 혹은 여행지를 추천해 주는 기능을 활용할 수도 있습니다. 이 기능을 사용하는 방법에 대해 알아보겠습니다.

① 화면 좌측 메뉴의 주사위(I'm Feeling Lucky) 버튼을 클릭하면 지구상에 있는 임의의 장소를 추천해줍니다.

② 화면 좌측 메뉴의 조타(Voyager) 버튼을 클릭한 뒤 나오는 메뉴 중 여행을 클릭하면 세계 여러 지역을 코스별로 살펴볼 수도 있습니다.

③ 원하는 지역을 선택한 뒤 다양한 여행 코스가 제시됩니다.

④ 페이지를 넘기며 다양한 장소를 살펴볼 수 있습니다.

05.02. 구글 어스로 위도, 경도 공부하기

구글 어스에서 제공되는 지도 데이터를 활용하면 초등학교 5~6학년 사회에 나오는 위도, 경도에 대해 좀 더 쉽게 이해하며 배울 수 있습니다. 2차원의 평면지도의 경우 실제로는 연속적인 지역이 분리되어 표현되고 본래의 지구의 모습과 다르게 땅의 크기 등이 왜곡되어 나타납니다. 하지만 구글 어스는 실제의 모습을 그대로 옮겨왔기 때문에 학생들이 여러 지역의 지리적 위치를 나타내는 위도와 경도를 공부할 때 도움을 줄 수 있습니다. 이 기능을 사용하는 방법에 대해 알아보겠습니다.

① 기본적으로 마우스 커서의 위치에 해당하는 위도와 경도가 화면 우측 하단에 표시됩니다.

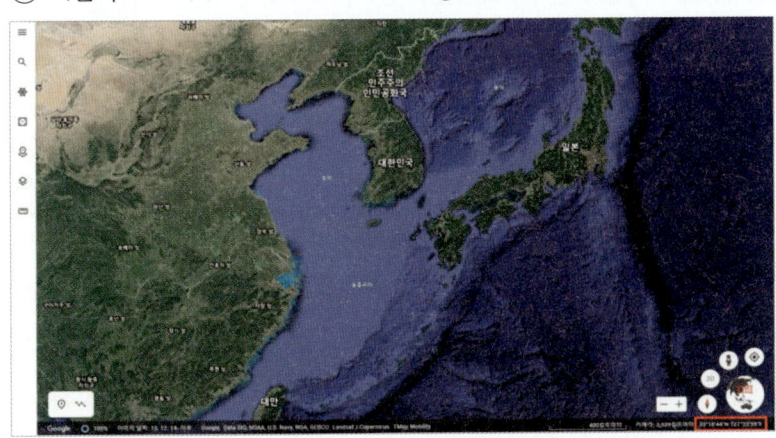

- W는 서경, E는 동경, N은 북위, S는 남위를 뜻합니다.

② 화면 좌측 메뉴의 지도 스타일 버튼을 클릭한 뒤 격자선 사용을 활성화하면 지도에 위도와 경도가 표시됩니다. 이 선을 이용해 대략적인 위도와 경도를 확인할 수 있습니다.

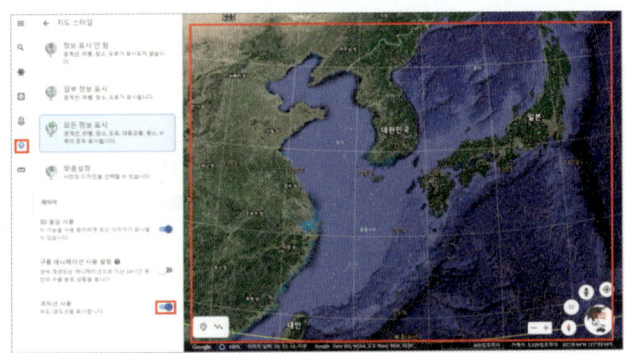

③ 경도의 기준이 되는 영국 그리니치 천문대를 지나는 본초자오선의 실제 모습도 구글 어스를 통해 살펴볼 수 있습니다.

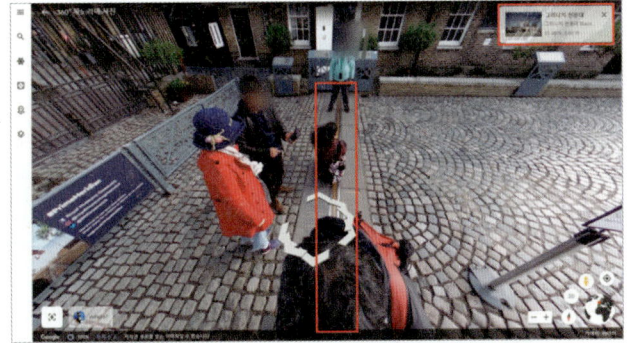

현실을 넘어 더 현실 같은 거울세계! 79

05.03. 구글 어스로 한반도 지형 단면 관찰

구글 어스를 활용해 한반도의 지형을 실제로 잘라보고 동쪽이 높고 서쪽이 낮은 지형임을 확인할 수 있습니다. 이 기능 웹 버젼의 구글 어스에서는 지원하지 않으므로 별도로 데스크톱 버전의 구글 어스(구글 어스 프로)를 설치해야 합니다. 구글 어스 프로를 설치하고 한반도 지형의 단면을 살펴보는 방법에 대해 알아보겠습니다.

① 크롬브라우저에서 구글 어스 프로를 검색한 뒤 구글 어스 프로 다운로드를 클릭합니다.

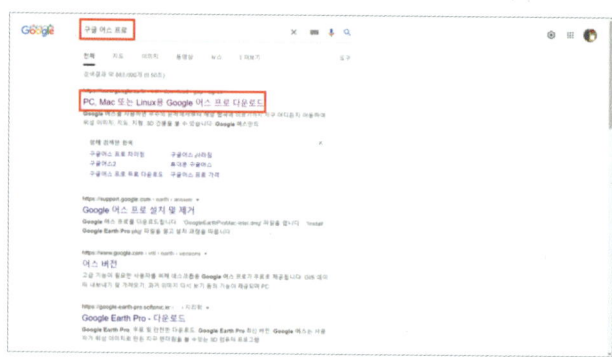

② 동의 및 다운로드를 클릭한 뒤 구글 어스 프로를 설치합니다.

③ 우리나라로 이동한 뒤 마우스 휠을 올려 확대해줍니다.

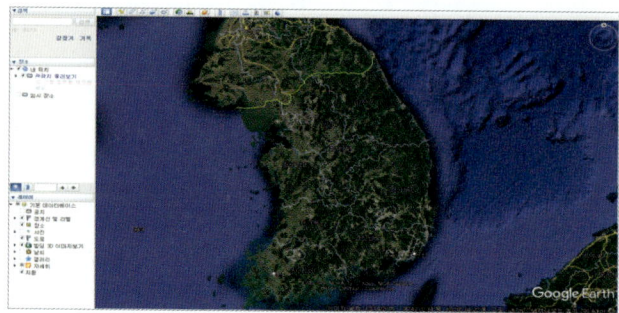

④ 상단 메뉴 중 경로 추가 버튼을 클릭합니다. 지도에서 관찰하고 싶은 단면을 마우스로 드래그해서 점들이 이어진 선으로 표시합니다. 경로의 이름을 자유롭게 입력하고 확인을 누릅니다.

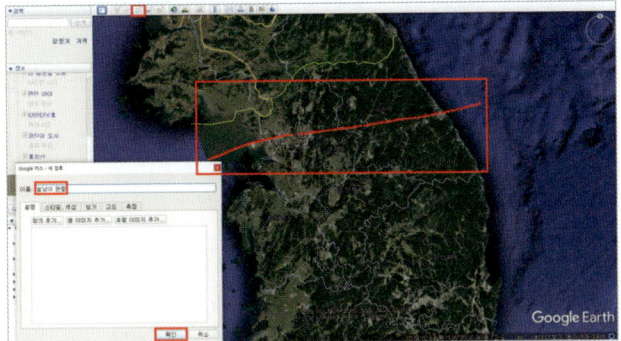

⑤ 좌측 장소에서 방금 만든 경로를 우클릭한 뒤 고도 프로필 표시를 클릭합니다.

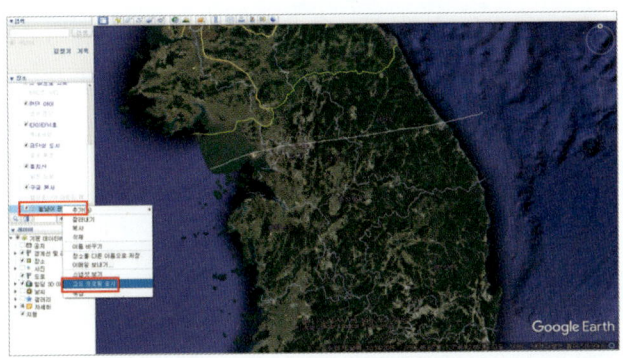

⑥ 지형의 높낮이가 표현된 그래프를 확인할 수 있으며, 그래프의 선에 마우스 포인터를 갖다 대면 구글 어스 지도상에 현재 보고 있는 곳이 화살표로 표시됩니다.

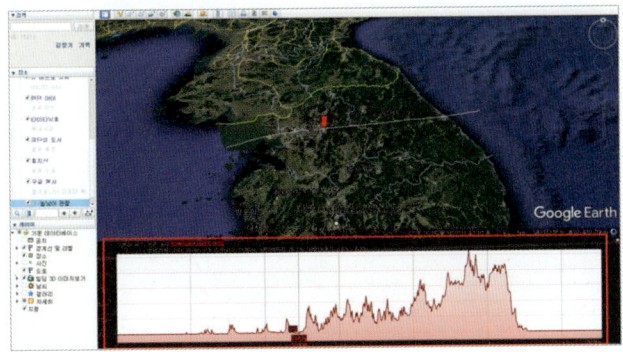

현실을 넘어 더 현실 같은 거울세계! **81**

06 거울세계 활용 교육! 초·중등 수업, 이렇게 해보세요!

앞에서 제시된 내용 이외에 초등학교, 중학교 학생들을 대상으로 구글 어스로 할 수 있는 수업 방법에 대해 좀 더 소개해 드리겠습니다.

06.01. 구글 어스로 다양한 지역의 가옥 관찰하기

초등학교 사회 6학년 2학기 세계 여러 나라의 생활 모습에 관한 내용이 나옵니다. 구글 어스를 이용하면 다른 나라의 다양한 가옥의 형태를 실제에 가깝게 관찰할 수 있습니다. 가옥 주변의 자연환경을 함께 관찰하며 집의 모양과 재료에 어떤 영향을 미쳤는지를 생각해 볼 수 있습니다.

① 구글 어스 검색창에 'This is home'을 검색한 뒤 둘러보기에서 'This is home'을 클릭합니다.

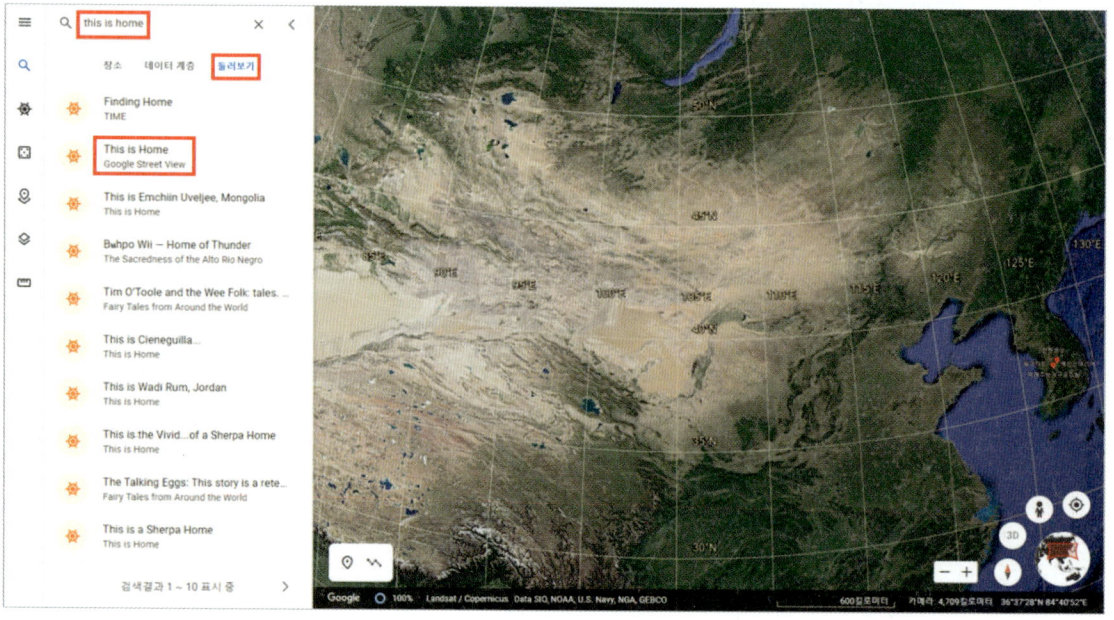

② EXPLORE NOW를 클릭합니다.

③ 원하는 지역을 선택합니다.

④ 화면 우측 하단의 사람 모양 버튼을 클릭한 뒤 파란색으로 강조 표시가 된 위치 중 원하는 곳을 선택합니다.

현실을 넘어 더 현실 같은 거울세계! **83**

⑤ 해당 지역의 가옥의 형태와 주변 자연 환경을 살펴볼 수 있습니다.

06.02. 구글 어스를 활용한 환경교육

구글 어스에서 제공하는 타임랩스를 활용해 지구의 자연환경 변화를 살펴볼 수 있습니다. 지구온난화로 인해 빙하가 녹아가는 모습, 산림이 파괴되어가는 모습, 사막에 도시가 생겨나는 모습, 침식·퇴적 작용 등으로 물길이 변화해가는 모습 등 다양한 변화 모습을 시간 순서대로 살펴볼 수 있습니다.

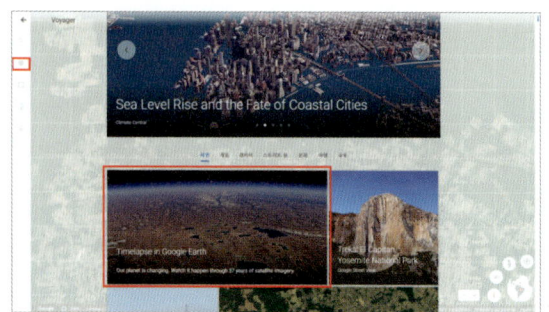

Voyager의 자연 메뉴의 타임랩스

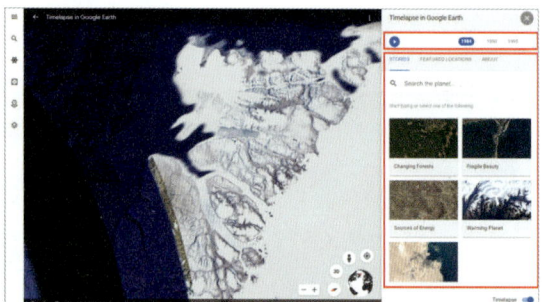

타임랩스를 통해 확인할 수 있는 자연의 변화 모습

06.03. 구글 어스를 활용하여 영어 공부하기

구글 어스는 플랫폼 내에 있는 다양한 사진 데이터를 바탕으로 간단한 영어 퀴즈 문제를 제공합

니다. 학생들은 영어 문제를 풀면서 정답을 구글 어스의 사진과 함께 확인할 수 있습니다. 예시 사진에 나온 문제는 울음소리를 듣고 동물의 이름을 맞추는 것으로 정답을 맞힐 경우 구글 어스 화면이 제시된 동물을 관찰할 수 있는 곳으로 자동으로 이동되어 주변 자연환경과 함께 다양한 각도에서 동물을 관찰할 수 있습니다. 이 밖에 이동 수단, 식재료의 원산지에 대한 문제 등 여러 주제의 문제가 제공되고 있습니다.

Voyager의 게임 메뉴에 있는 다양한 영어 문제들

영어 문제 예시
- 동물이 내는 소리를 듣고 동물 이름 맞추기

정답 시 확인할 수 있는 화면
(말이 있는 사진)

정답 시 확인할 수 있는 화면
(낙타가 있는 사진)

지금까지 거울세계의 개념과 특성 및 사례, 구글 어스를 활용한 교육 사례에 대해 살펴보았습니다. 거울세계를 활용하면 시간과 공간의 제약에서 벗어나 배움의 폭을 확장할 수 있습니다. 자신에게 알맞은 플랫폼을 정해 수업에 다양하게 활용해보시기 바랍니다.

나의 일상이 디지털로
기록된다! 라이프로깅!

메타버스
교육백서

CHAPTER 09

라이프로깅 활용 교육 준비하기

01. 라이프로깅을 알아보자!
02. 라이프로깅의 역사를 알아보자!
03. 라이프로깅과 기술 변화를 알아보자!
04. 라이프로깅 활용 사례를 알아보자!

01 라이프로깅을 알아보자!

자신의 삶에 관한 다양하고 일상적인 경험과 정보를 온라인상에 디지털 정보로 기록하여 저장하고 때로는 공유하는 활동을 라이프로깅이라고 합니다. 라이프로깅은 일상을 기록한다는 점에서 어릴 적부터 썼었던 일기와 굉장히 유사하지만 온라인 플랫폼에 공유를 하고 사람들과 소통을 한다는 점에서 차이가 있습니다. 우리가 자주 사용하는 소셜미디어 서비스(SNS)인 페이스북, 인스타그램, 트위터, 카카오스토리 등도 모두 라이프로깅에 포함됩니다. 라이프로깅은 이미 많은 사람들이 써왔기 때문에 충분히 대중화가 이루어진 메타버스라고 할 수 있습니다.

라이프로깅을 하는 사람들은 크게 두 가지 역할을 합니다. 첫째, 학습, 일, 일상생활 등 자신이 살아가는 다양한 모습, 자신에게 일어나는 모든 순간을 텍스트, 이미지, 동영상 등으로 기록하고 이를 온라인 플랫폼에 저장합니다. 사람들은 자신에게 일어난 상황들을 기록하기 위해 자신의 기억에 의지하거나, 스마트폰 카메라를 사용하거나, 스마트워치와 같은 몸에 착용하는 웨어러블 디바이스를 통해 정보를 수집합니다. 둘째, 다른 사람들이 온라인 플랫폼에 게시한 라이프로깅 게시물을 보고 그에 관해 간단하게 버튼을 누르거나 텍스트나 이모티콘 등으로 자신의 생각이나 감정을 표시하고, 재밌거나 유용한 내용이 담긴 게시물은 나중에 다시 보거나 또 다른 사람들에게 공유하기 위해서 자신의 라이프로깅 플랫폼으로 가져오기도 합니다.

그렇다면 사람들은 왜 라이프로깅 메타버스에 자신의 삶을 기록하고 공유할까요? 단순히 자신의 삶을 기록으로 남기려는 목적도 있겠지만 라이프로깅을 통해 자신이 겪었던 일에 대해 타인으로부터 인정이나 공감을 받고 싶은 욕구가 있기 때문일 것입니다. 사람들은 SNS에 게시글을 올리고 사람들의 반응을 기다리는 동안 우리 뇌에서는 도파민이 분비됩니다. 그리고 사람들이 자신이 원하는 반응을 보여주면 엔도르핀이 분비되면서 행복을 느끼게 됩니다. 이러한 욕구는 한계가 존재하지 않기 때문에 사람들은 계속해서 글을 남기고 더 큰 반응을 원하게 됩니다. 또, 사람들은 그 속에서 타인의 이야기를 들으며 대리만족하거나 다른 사람도 나와 비슷한 감정과 삶을 살아가고 있다는 것에 위안을 받기도 합니다. 바로 이것이 라이프로깅 플랫폼을 성장시키는 원동력이 됩니다.

*출처: https://www.mk.co.kr/news/culture/view/2021/09/849685/

라이프로깅의 대표적인 특성은 자신이 다른 사람들에게 알리고 싶은 것을 기록, 공유한다는 점에 있습니다. 이때, 자신의 실제 삶의 모습 중에서 타인에게 알리고 싶지 않은 내용은 방송의 편집처럼 삭제하는 등의 가공의 과정을 거치게 됩니다. 예를 들어, 매드클라운의 '마미손', 유재석의 '유산슬' 등 현대인들은 자신만의 멀티 페르소나를 라이프로깅을 통해 만들어가고 있습니다. MZ 세대들은 이러한 라이프로깅의 특성을 이용해 직장 생활을 하면서 퇴근 후에는 자신만의 취미활동이나 부업 등을 하며 직장에서와는 전혀 다른 모습으로 인생을 살아가고 있습니다. 또한, 사람들은 라이프로깅의 메타버스 세계에서 현실세계와는 다른 강한 통제감을 느낄 수 있습니다. 현실에서는 다른 사람들과 갈등이 생겼다고 해서 인간관계를 한순간에 끊어내기는 굉장히 어렵습니다. 그리고 하나의 몸으로 직장에서의 나, 친구로서의 나, 자식으로서의 나 등 다양한 모습을 나타내야 합니다. 하지만 라이프로깅 세계에서는 손쉽게 사람과 사람을 연결해 주고 언제든지 차단 버튼 하나로 관계를 끊어낼 수 있으며, 계정을 다양하게 만들어 다양한 나의 모습을 표현하거나 기존에 만들어진 계정을 비공개 혹은 삭제하여 다른 사람으로부터 나의 모습을 손쉽게 통제할 수 있습니다.

02 라이프로깅의 역사를 알아보자!

라이프로깅이라는 개념은 1945년, 미국 국가과학기술연구소 소장인 버니바 부시(Vannevar Bush)가 애틀랜틱 먼슬리(Atlantic Monthly)라는 잡지에 기고한 "우리가 생각하는 대로(As we may think)"라는 글에서 처음 등장했습니다.

버니바 부시는 이 글에서 카메라와 소형 녹음기를 합친 장치를 이마에 부착하여 착용자가 보고 듣고 말하는 것을 기록하는 장치를 제안했습니다. 이 장치를 통해 개인의 기억을 저장할 수 있는 메멕스(Memex, Memory Extender)라는 컴퓨터 시스템도 함께 소개했습니다.

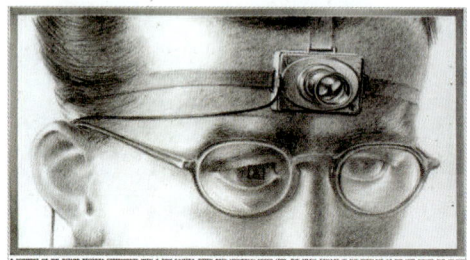

*출처: https://en.wikipedia.org/wiki/As_We_May_Think

*출처: https://en.wikipedia.org/wiki/Microsoft_SenseCam

이후 2000년대에 마이크로소프트(Microsoft)에서는 'MyLifeBits'라는 프로젝트에서 목걸이 형태의 디지털 카메라인 '센스캠(Sense-Cam)'을 개발하였습니다. 센스캠은 치매 환자와 단기 기억 상실증 환자를 위해 만들어졌습니다. 센스캠의 광각 렌즈 카메라는 환자가 볼 수 있는 대부분의 이미지를 기록, 저장하기 때문에 환자의 기억을 보조하는 장치로서 유용하게 사용되었습니다. 실제로, 한 주에 일어난 일의 단 2%만을 기억하던 한 여성은 SenseCam이 찍은 영상을 본 후 6주간 있었던 중요한 일의 80%를 기억할 수 있게 되었다고 합니다.

2013년 경에는 구글이 안경 형태의 웨어러블 기기인 구글 글래스를 개발하였습니다. 사용자의 시선에 따라 사진, 영상을 촬영하고 스마트폰과 연동하여 여러 가지 기능을 지원했지만 터무니없는 가격과 현저히 떨어지는 사용성으로 인해 역사 속으로 사라졌습니다.

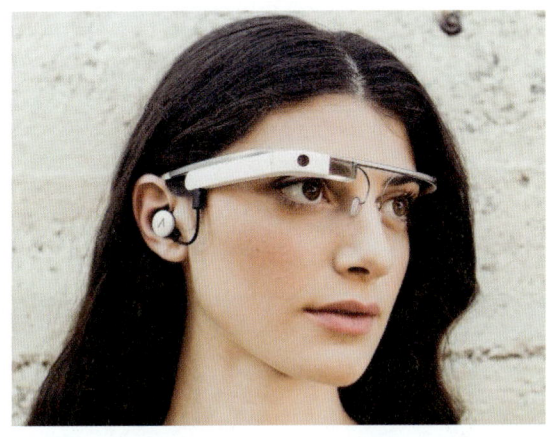

*출처:https://m.news.zum.com/articles/10031175

하지만 최근 애플에서 이와 비슷한 형태의 애플 글래스를 출시할 예정이라고 하여 다시 한번 많은 사람들의 기대감이 커지고 있습니다.

03 라이프로깅이 가져온 기술의 변화

라이프로깅은 기술의 발전에도 많은 변화를 가져오고 있습니다. 라이프로깅의 대표적인 예로는 브이로그가 있는데 브이로그가 대중화됨에 따라 사람들은 자신의 활동을 편리하게 영상으로 기록할 수 있는 수단이 필요해졌습니다.

이러한 수요를 기술 개발에 반영한 가장 대표적인 기업이 바로 삼성과 애플입니다. 삼성과 애플은 이 시기 즈음부터 스마트폰의 카메라 기능에 많은 투자를 하기 시작하였고, 현재 스

*출처:https://www.mk.co.kr/news/business/view/2021/05/459527/

마트폰의 카메라는 DSLR 급 촬영이 가능한 수준까지 올라왔습니다. 보다 안정적이고 다양한 촬영을 위해 고프로와 같은 소형 액션 카메라와 카메라가 장착된 드론도 등장했습니다. 스마트폰과 카메라에 이어 등장한 스마트워치 또한 우리의 삶을 보다 편리하게 기록할 수 있는 기술이 담겨있습니다. 스마트워치를 통해 소비 칼로리, 수면 패턴, 심박수 등 건강 관련 데이터를 자동으로 기록할 수 있게 되었습니다. 카메라와 마이크를 내장한 다양한 기기, 스마트워치의 보급 덕분에 누구나 손쉽게 라이프로깅에 접근할 수 있게 되었으며 이를 통해 누적된 데이터가 관련 기술 개발, 의료, 관광 등 다양한 산업 분야에서 활용되고 있습니다.

04 라이프로깅 활용 사례

거울세계와 마찬가지로 라이프로깅 또한 이미 많은 사람들이 사용하고 있습니다. 지금부터 소개해 드릴 라이프로깅 관련 플랫폼들은 아마 대부분 익숙한 것들이 많을 것입니다. 지금부터 국내, 국외에서 사용되고 있는 라이프로깅의 사례에 대해 알아보겠습니다.

04.01. 네이버 밴드(BAND)

네이버 밴드(BAND)는 네이버에서 2012년 8월에 출시한 폐쇄형 SNS입니다. 폐쇄형 SNS이기 때문에 자신과 같은 밴드에 속한 사람에게만 일상을 공유할 수 있습니다. 스마트폰뿐만 아니라 PC에서도 사용 가능하며 휴대폰 번호, 이메일, 페이스북, 네이버 계정 등을 이용해 밴드 계정을 쉽게 만들 수 있어 편리합니다.

네이버 밴드는 게시판, 사진 및 동영상, 일정 관리, 체크리스트, 설문 등을 공유하는 등 라이프로깅에 특화되어있어 각종 모임과 동호회 등에 활용되고 있습니다. 그래서 네이버 밴드

*출처:
https://www.senmoney.co.kr/news/articleView.html?idxno=2338

는 개인보다는 함께하는 라이프로깅에 가깝습니다.

네이버 밴드는 라이브 방송과 출석 체크와 같이 학교 수업에 활용될 수 있는 기능도 지원하고 있습니다. 이와 같은 기능을 바탕으로 2020년도에 코로나19로 인해 전국적으로 학교에서 원격수업이 이루어졌을 때 학생들의 학습을 관리하기 위한 LMS(학습관리 시스템)로 사용되기도 했습니다.

04.02. 인스타그램(Instagram)

인스타그램(Instagram)은 메타(전 페이스북)에서 운영하고 있는 이미지 공유 중심의 미국의 SNS입니다. 인스타그램은 앱 자체에서도 다양한 카메라 필터를 제공하고 있어 이미지, 짧은 영상 편집이 가능합니다. 인스타그램에서 사용자들은 사진이나 영상을 게시물로 올릴 수 있으며 이때 짧은 글과 #(해시)를 함께 작성하는 방식으로 게시물에 대한 키워드인 해시태그를 남길 수 있습니다. 해시태그는 다른 사람들이 게시물을 검색할 때 검색용 메타데이터로 활용됩니다.

*출처:https://fpost.co.kr/board/bbs/board.php?bo_table=newsinnews&wr_id=1504

또한, 다른 사람들의 글을 읽고 댓글을 남기거나 좋아요 버튼을 누르고 특정 사람에게 메시지를 보낼 수 있습니다. 수신자는 발신자의 메시지를 승인하거나 거절할 수 있습니다. 이 밖에 실시간으로 영상을 송출할 수 있는 라이브, 24시간 후 지워지는 게시물인 스토리, 짧은 영상을 음악, AR 기반 효과 등으로 편집하여 업로드하는 릴스 등 다양한 기능을 지원하고 있습니다.

04.03. 유튜브(YouTube)

유튜브(YouTube)는 사용자가 동영상을 자유롭게 올리거나 볼 수 있도록 구글에서 운영하는 웹사이트이자, 세계 최대 규모의 비디오 플랫폼입니다. YouTube라는 명칭은 사용자를 가리키는 '유(You, 당신)'와 미국 영어에서 텔레비전을 뜻하는 '튜브(Tube)'를 더한 것이라고 합니다. 유튜브에서 사람들은 자신만의 채널을 만들어 동영상의 형태로 파일을 업로드합니다.

회원가입을 하지 않아도 동영상을 볼 수 있으나 동영상을 올리기 위해서는 반드시 회원가입이 필

*출처:https://www.youtube.com/img/desktop/yt_1200.png

요합니다. 또한, 굳이 영상을 올리지 않더라도 다른 사람이 올린 영상을 시청하고 좋아요를 누르거나 댓글을 남기고 혹은 구독을 하여 그 사람의 영상을 지속적으로 시청하는 팬이 될 수 있습니다.

유튜브는 사용자의 영상 시청 기록을 분석하여 자동으로 추천 영상을 제공하는 알고리즘을 갖고 있어 사용자가 계속해서 영상을 보도록 유도합니다. 초기에는 단순히 자신의 일상을 담는 플랫폼의 성격이 강했지만 사용자가 급속히 늘어남에 따라 새로운 콘텐츠 공유와 광고 홍보 플랫폼으로 급부상하게 되었습니다. 이에 따라 유튜브에 자신만의 콘텐츠가 담긴 영상을 올려 조회수를 통해 광고 수익을 올리는, 일명 유튜브 크리에이터라는 새로운 직업이 생기게 되었습니다.

04.04. 나이키 런 클럽(Nike Run Club)

나이키 런 클럽(Nike Run Club)은 자신의 달리기 운동 기록을 저장, 공유할 수 있는 운동 관련 라이프로깅 플랫폼입니다. 운동 결과를 사진과 함께 공유할 수 있는 템플릿이 제공되어 많은 사람들에게 인기를 끌고 있습니다.

스마트폰이나 스마트워치의 GPS를 이용하여 운동 데이터를 수집하기 때문에 운동이 끝난 뒤에 운동 경로, 달리기 시간, 거리, 페이스, 소비한 칼로리를 알려주고 자동으로 운동한 날짜가 달력에 표시되어 일정 기간 동안 운동을 얼마나 했는지 쉽게 확인이 가능합니다. 또한, 난이도나 거리에 따라 러닝 가이드가 함께 제

*출처:https://m.blog.naver.com/jinyee0829/221656095040

공되어 운동을 처음 시작하는 사람들에게 도움을 줍니다. 주간, 월간으로 다양한 거리의 달리기 챌린지에 도전할 수 있어서 운동에 대한 동기부여도 됩니다. 나이키는 이러한 앱을 무료로 제공하는 대신 자신들의 운동화를 신고 운동하는 사람들의 데이터를 모아 새로운 신발을 개발하거나 판매 전략을 세우는 데 활용하고 있다고 합니다.

04.05. 다이어트 카메라 AI

다이어트 카메라 AI는 텍스트 입력이 아닌 사진 촬영을 통해 인공지능 카메라가 자동으로 음식의 칼로리를 계산하고 식단을 자동으로 기록하여 다이어트에 도움을 주는 식단 관리 플랫폼입니다. 다이어트 카메라 AI의 'AI 푸드 렌즈'라는 음식에 대한 딥러닝이 이루어진 인공지능을 활용한 카메라로 음식을 촬영하면 자동으로 어떤 음식인지 구분을 해줍니다.

만약 틀린 부분이 있다면 사용자가 수정할 수도 있습니다. 음식을 인식하면서 칼로리, 탄수화물, 나트륨 등 다양한 영양 정보도 함께 보여줍니다. 이 데이터는 날짜에 맞춰 자동으로 저장되기 때문에 사용자가 얼마든지 열람할 수 있습니다. 또한, 누적되는 데이터를 바탕으로 하루 동안 섭취한 칼로리, 공복

*출처:https://play.google.com/store/apps/details?id=com.doinglab.dietdiaryai&hl=ko&gl=US

시간, 자주 먹는 음식 등을 자동으로 분석하여 보다 건강하게 음식을 먹을 수 있도록 도움을 줍니다.

04.06. 클래스팅(CLASSTING)

클래스팅(CLASSTING)은 학교에서의 사용을 목적으로 만들어진 SNS로 선생님이 클래스를 개설하고 학생과 학부모를 초대하여 하나의 클래스 안에서 소통을 하도록 구성되어 있습니다.

*출처:https://about.classting.com/brandguide/

클래스팅의 주요 기능은 각 학급의 클래스를 개설하여 학생들에게 학급 공지(가정통신문, 숙제 안내 등)를 하고 학생들과 함께 게시판에 글, 사진, 동영상을 남기며 소통하는 것입니다. 게시글은 선생님, 학부모, 학생 공개 범위를 선택하여 올릴 수 있습니다. 게시판에 올라오는 모든 사진과 동영상은 클래스의 앨범에 자동으로 정리됩니다. 또한, 클래스에는 비밀상담 방이라는 공간이 있어 교사와 학생의 1:1 상담이 이루어지고 비밀상담 방에 게시되는 글은 클래스의 관리자인 선생님만 볼 수 있습니다.

CHAPTER 10

라이프로깅 활용하기

05. 클래스팅으로 우리 학급 SNS를 만들자!
06. 다했니? 다했어요! 플랫폼으로 학급을 관리하자!
07. 라이프로깅 플랫폼으로 건강 체력을 관리하자!

05 클래스팅으로 우리 학급 SNS를 만들자!

클래스팅을 이용하면 우리 학급 학생들만을 위한 SNS 공간을 만들 수 있습니다. 이곳에서 학생들과 소통하며 일상을 기록하고 때로는 학생들에게 중요한 내용을 알리거나 수업 도구로 사용하는 등 다양한 용도로 사용할 수 있습니다. 그럼 지금부터 클래스팅으로 우리 학급 SNS를 만들고 사용하는 방법에 대해 알아보겠습니다.

05.01. 클래스 개설하기

먼저 클래스를 개설하는 방법에 대해 알아보겠습니다.

① 크롬 브라우저에서 클래스팅을 검색한 뒤 클래스팅 사이트를 클릭합니다.

② 오른쪽 상단의 회원가입을 클릭하여 계정을 만듭니다.

- 네이버, 카카오, 구글 계정 등으로 회원가입이 가능합니다.
- 소셜 계정 연결 없이 이메일 주소로도 가입이 가능합니다.
- (학생의 경우) 교사가 제공한 학생코드로 가입이 가능하나 비밀번호를 분실했을 경우 찾을 수 없습니다.

나의 일상이 디지털로 기록된다! 라이프로깅! 97

③ 클래스 만들기를 클릭합니다.

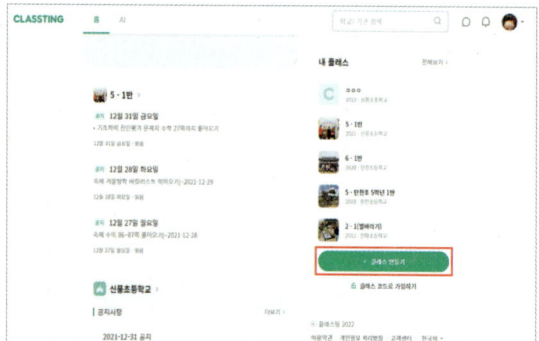

④ 클래스 바로 시작하기를 클릭합니다.

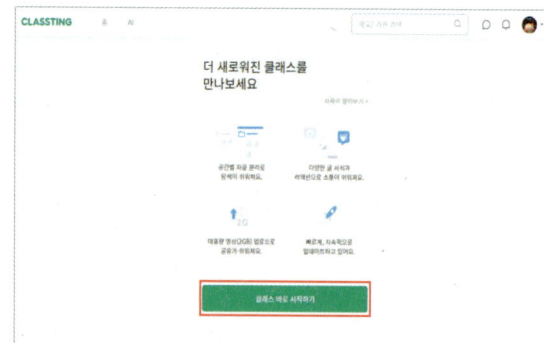

⑤ 자신의 소속 학교를 입력합니다.

⑥ 운영년도, 학년, 클래스 이름 등 클래스 정보를 입력합니다.

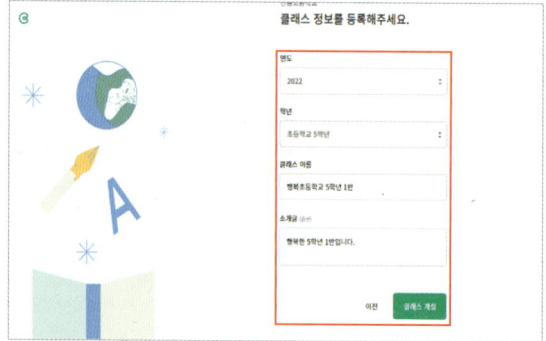

⑦ 클래스에서 사용할 프로필 사진과 이름을 입력합니다.

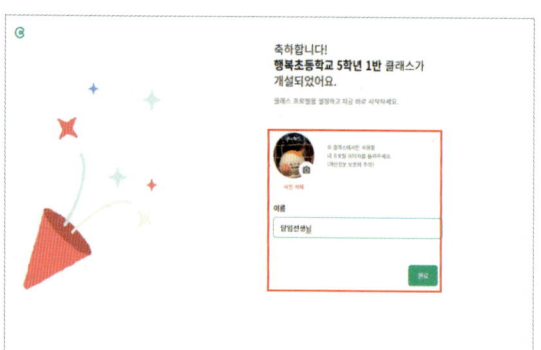

⑧ 우리 반 클래스가 만들어졌습니다.

05.02. 학생 초대하기

클래스에 학생을 초대하는 방법에 대해 알아보겠습니다.

① 내 클래스 메뉴에서 방금 만든 클래스를 클릭합니다.

② 왼쪽 메뉴에서 구성원 추가하기를 클릭합니다.

- 초대코드를 학생들에게 보여주어 입력하게 하거나 안내 내용이 담긴 문구를 복사하여 공유할 수 있습니다.
- 휴대폰 번호를 입력하여 메시지로 안내할 수도 있습니다.

③ (학생 화면) 클래스팅 앱을 실행하여 로그인한 후 초대코드로 입장하기를 클릭합니다.

④ (학생 화면) 초대코드를 입력합니다.

⑤ (학생 화면) 클래스에서 사용할 프로필 사진과 이름을 입력합니다.

⑥ 오른쪽에서 클래스 구성원을 확인할 수 있습니다.

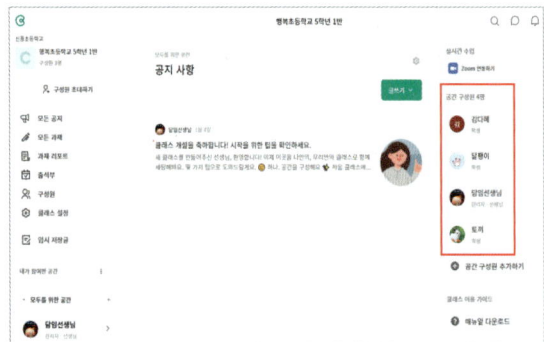

05.03. 공지 사항 올리기

클래스팅을 이용하면 학생들이 자신의 알림장에 따로 내용을 적지 않고 스마트폰을 이용해 언제든지 선생님의 안내 내용을 확인할 수 있습니다. 교사는 공지를 읽지 않은 학생도 확인할 수 있습니다. 클래스에 공지 사항을 올리는 방법에 대해 알아보겠습니다.

① 화면 왼쪽 메뉴에서 공지 사항을 클릭한 뒤 글쓰기-게시물 쓰기를 클릭합니다.

② 안내 내용을 사진, 영상, 첨부파일, 인터넷 링크 등과 함께 공지할 수 있습니다.

- 우측 메뉴에서 공간 설정을 통해 공지 사항이 아닌 일반 게시판에 글을 올릴 수도 있습니다.
- 관련 태그를 남기면 추후에 기록을 열람할 때 편리합니다.
- 공지를 등록하면 학생들에게 자동으로 알림이 발송됩니다.

③ 공지 내용에 대해 반응을 남길 수 있으며, '읽음'을 클릭하면 학생들 중에 내용을 확인하지 않은 학생이 누구인지 확인할 수 있습니다.

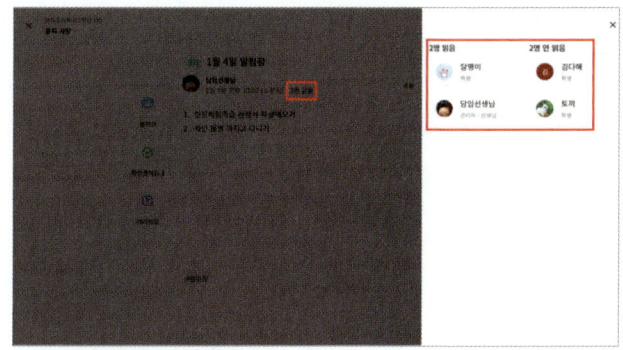

05.04. 게시글(사진, 영상 공유) 올리기

학생들과 소통할 수 있는 자유 공간에 사진 또는 영상과 함께 게시글을 올리는 방법에 대해 알아보겠습니다.

① 화면 왼쪽 메뉴에서 자유 공간을 클릭한 뒤 글쓰기-게시물 쓰기를 클릭합니다.

나의 일상이 디지털로 기록된다! 라이프로깅!

② 올리고 싶은 내용을 적고 사진, 영상, 첨부파일, 인터넷 링크 등을 추가합니다.

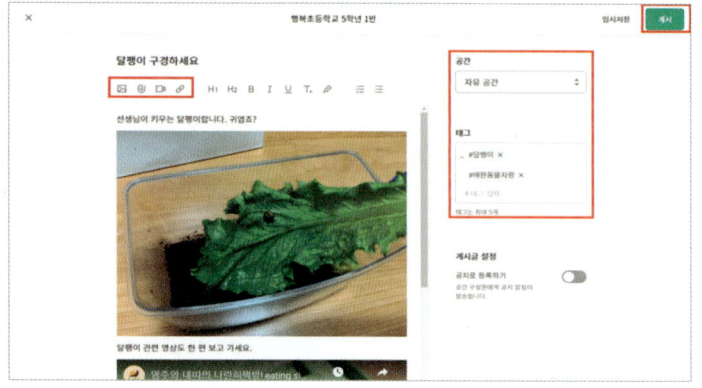

- 관련 태그를 남기면 추후에 기록을 열람할 때 편리합니다.

③ 친구들의 댓글을 확인하고 간단한 반응(좋아요, 확인했어요)을 남길 수 있습니다.

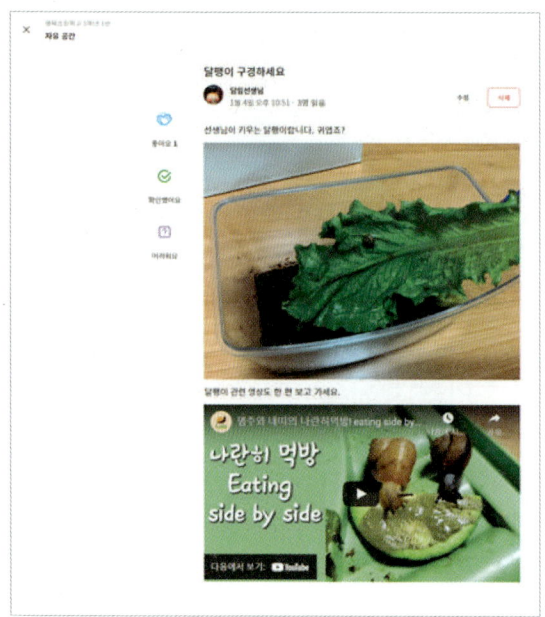
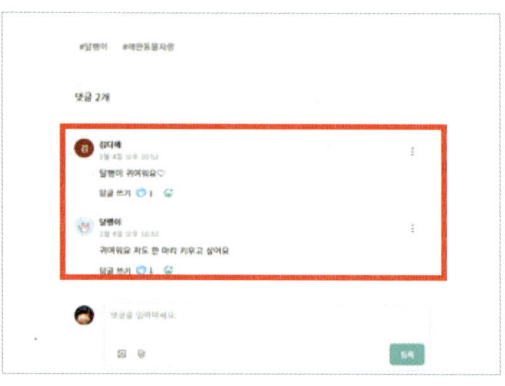

05.05. 공간 만들기

기존에 있는 공지 사항, 자유 공간 외에 다양한 용도의 게시판의 역할을 할 수 있는 새로운 공간을 만들 수 있습니다.

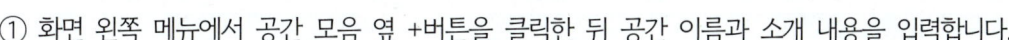

① 화면 왼쪽 메뉴에서 공간 모음 옆 +버튼을 클릭한 뒤 공간 이름과 소개 내용을 입력합니다.

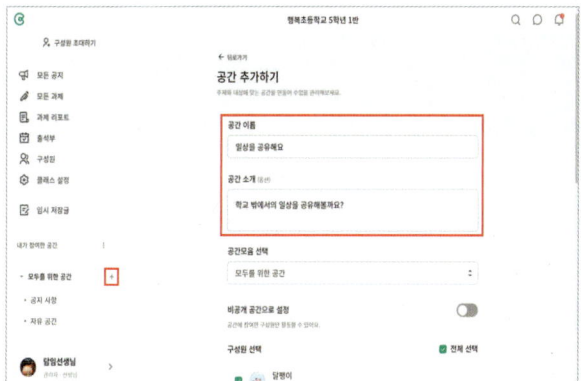

② 공간에 참여할 구성원을 선택합니다.

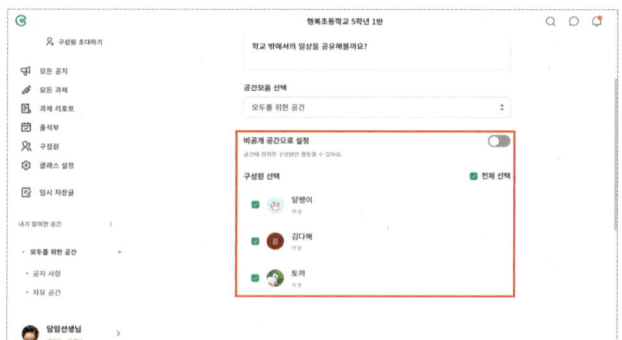

- 비공개 공간으로 설정하여 공간에 참여하는 구성원에게만 공간 메뉴가 보이게 할 수도 있습니다.

③ 해당 공간에 대한 세부적인 설정을 선택합니다.   ④ 새로운 공간이 만들어졌습니다.

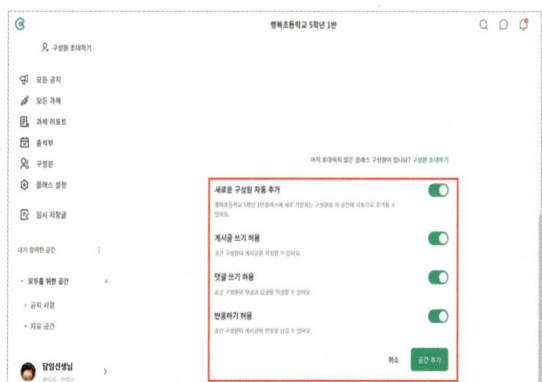
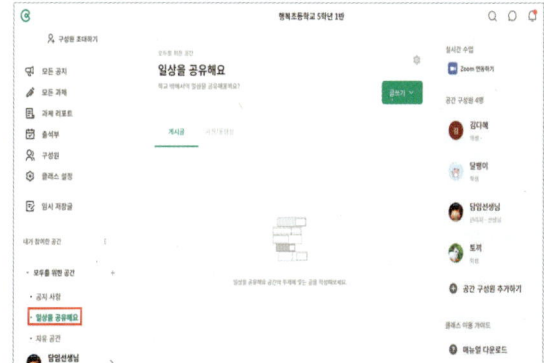

나의 일상이 디지털로 기록된다! 라이프로깅!

06 다했니? 다했어요! 플랫폼으로 학급을 관리하자!

다했니? 다했어요!는 학생들의 과제 관리의 편의성과 효율적인 보상 제도 관리를 위해 현직 선생님이 개발한 온라인 시스템입니다. 교사는 '다했니?' 웹사이트로 과제를 제시하고 피드백을 하며 학생들은 '다했어요!' 앱으로 자신의 과제를 제출하게 됩니다. 웹사이트에 과제에 대한 기록을 남기기 때문에 학생에 대한 누가기록이 자연스럽게 이루어집니다. 또한, 쿠키라는 보상시스템이 있어 학급 보상 제도에 연계하여 사용할 수 있습니다. 그럼 지금부터 다했니? 다했어요! 플랫폼 사용 방법에 대해 알아보겠습니다.

06.01. 학급 만들기

먼저, 과제 관리를 위한 학급 페이지를 만들어보겠습니다.

① 크롬 브라우저에서 다했니를 검색한 뒤 다했니? 사이트를 클릭합니다.

② 하단의 회원가입을 클릭하여 계정을 만듭니다.

- 카카오 계정 혹은 이메일 주소로 회원가입이 가능합니다.

③ +버튼으로 학급을 추가할 수 있습니다. 만들어진 학급을 클릭하면 과제 관리 페이지로 이동합니다.

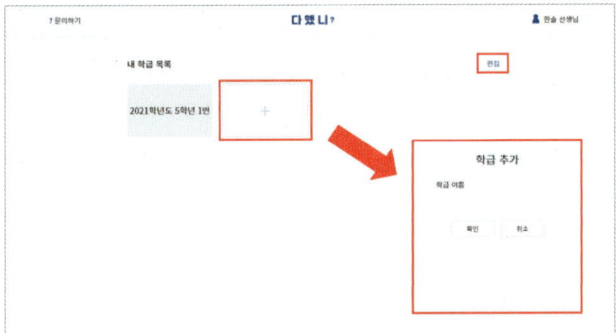

- 편집 버튼으로 이미 만들어진 학급 이름을 수정할 수 있습니다.

06.02. 학생 초대하기

다했어요! 앱 회원가입은 오직 선생님이 제공하는 학생코드로만 가능합니다.

① 좌측 메뉴의 학생별 보기를 클릭한 뒤 +버튼을 클릭하여 학생의 정보를 입력합니다.

② 학생의 이름을 클릭하면 아래와 같이 초대코드가 생성됩니다.

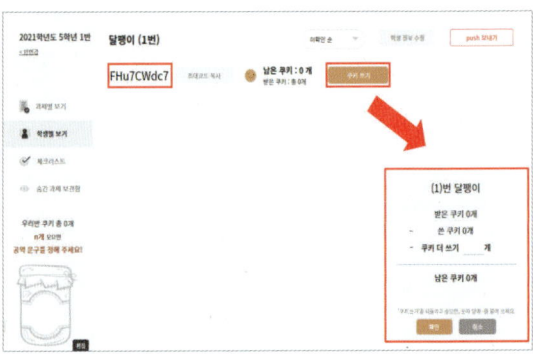

- 쿠키는 과제 수행 수준에 따라 받을 수 있는 학급 화폐로 보상을 받을 때 이곳에서 쿠키의 개수를 뺄 수 있습니다.

③ (학생 화면) 선생님께 받은 초대코드를 입력하면 가입이 완료됩니다.

06.03. 과제 내고 피드백하기

학생들에게 과제를 내고 간단하게 의견을 남기거나 학급 화폐를 제공하는 피드백을 할 수 있습니다.

① 좌측 메뉴의 과제별 보기를 클릭한 뒤 +버튼을 클릭하여 과제를 생성합니다.

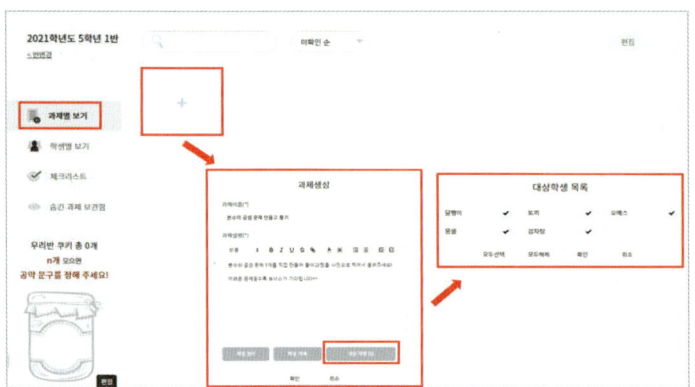

- 파일을 첨부하여 과제에 대해 추가적인 설명을 제공할 수 있습니다. (예시 자료 등)
- 대상 학생을 조정하여 개별화 과제 제공도 가능합니다.

② 과제 아이콘이 붉은색으로 바뀌면 과제를 제출한 학생이 있다는 표시입니다.

③ 과제를 클릭한 뒤 확인하기를 누르면 학생에게 개별적인 피드백이 가능합니다.

- 과제를 제출한 학생은 붉은색, 제출하지 않은 학생은 노란색으로 표시됩니다.

106

④ 의견을 남기거나 수행 결과에 따라 쿠키를 차등적으로 지급할 수 있습니다. 또한, 재제출이 필요할 경우 반려도 가능합니다.

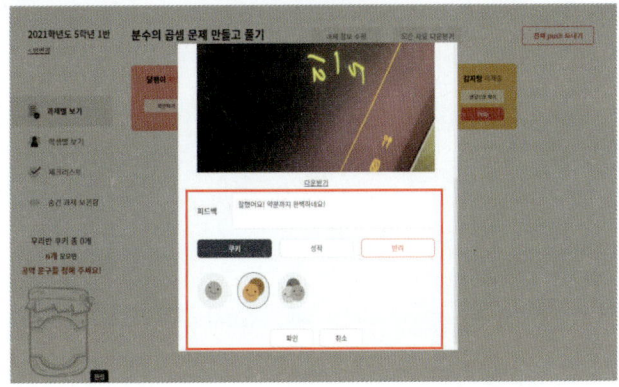

⑤ 과제를 수정하거나 학생들이 제출한 자료를 다운로드 받을 경우 상단 메뉴를 이용하면 됩니다. 또한, 과제를 제출하지 않은 학생들의 스마트폰으로 push알림을 보낼 수 있습니다.

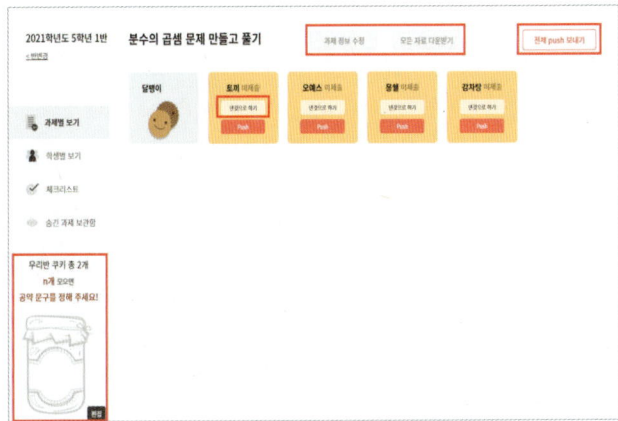

- 만약, 스마트폰이 없는 학생의 경우 오프라인으로 과제를 제출받고 '낸 것으로 하기' 기능을 이용해 피드백 제공이 가능합니다.

- 화면 좌측 하단에 있는 쿠키통은 학생들이 받은 쿠키의 총 개수로, 이를 활용해 학생들에게 학급 보상을 제공할 수도 있습니다.

06.04. 알림장 보내기

알림장 기능을 이용하여 학생들에게 중요한 내용을 공지하고 내용을 확인하지 않은 학생들이 누구인지 파악할 수 있습니다.

① 좌측 메뉴의 알림장을 클릭한 뒤 +버튼을 클릭합니다.

② 알림장 내용을 입력한 뒤 보내기를 클릭합니다. 보내기를 클릭하면 학생들에게 push알림이 보내집니다.

- 파일을 첨부하여 알림장에 대해 추가적인 설명을 제공할 수 있습니다.
- 대상 학생을 지정하여 일부 학생에게만 알림장을 보낼 수도 있습니다.

③ 날짜별 알림장을 클릭하면 내용을 확인하지 않은 학생이 누구인지 알 수 있습니다.

④ 내용을 확인하지 않은 학생에게 push알림을 다시 보낼 수 있습니다

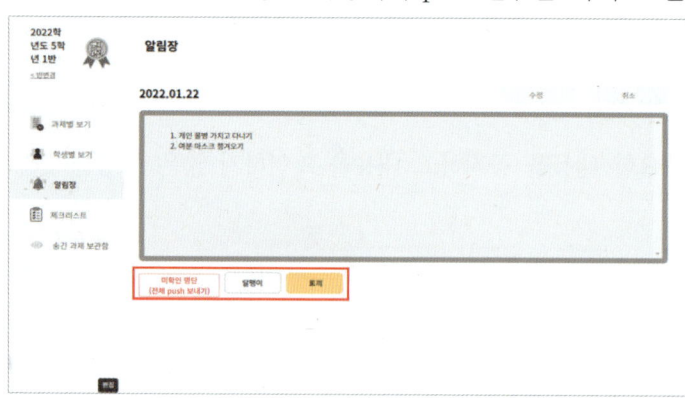

- 내용을 확인한 학생은 회색, 아직 확인하지 않은 학생은 노란색으로 표시됩니다.

06.05. 뱃지 기능 활용하기

학생들이 일정 목표를 달성하거나 학급 보상 쿠폰 등의 용도로 활용할 수 있는 뱃지 기능에 대해 알아보겠습니다.

① 좌측 메뉴 상단의 뱃지 관리를 클릭합니다.

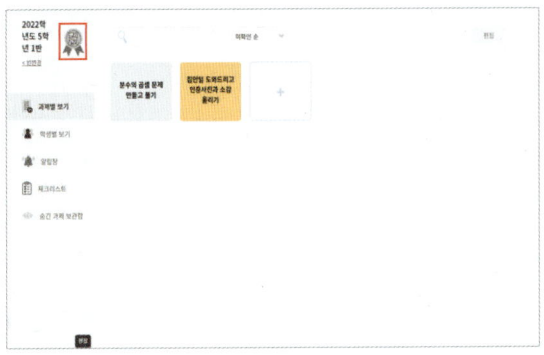

- 뱃지를 1개 이상 등록할 경우 학생들의 스마트폰에 뱃지 칸이 나타나게 됩니다. 아무 뱃지도 등록되지않은 경우에는 뱃지 칸이 나타나지 않습니다.

② 등록을 클릭합니다.

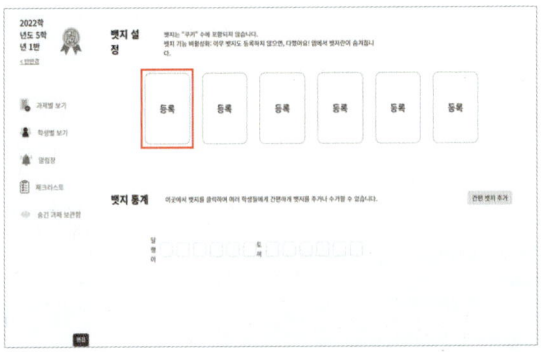

③ 원하는 뱃지 이미지를 등록합니다.

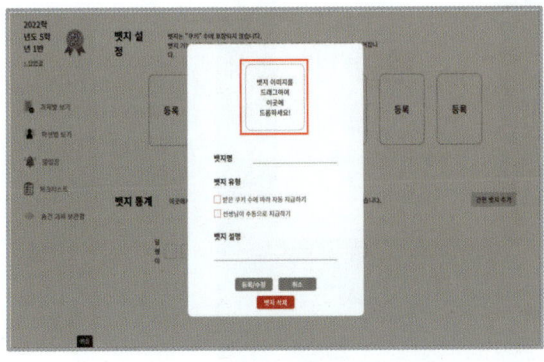

- 드래그 앤 드롭 기능을 이용해 간편하게 입력 가능하며 입력 칸을 클릭하여 이미지 파일을 등록할 수도 있습니다.

나의 일상이 디지털로 기록된다! 라이프로깅!　　109

④ 뱃지명, 뱃지 유형, 뱃지 설명을 입력합니다.

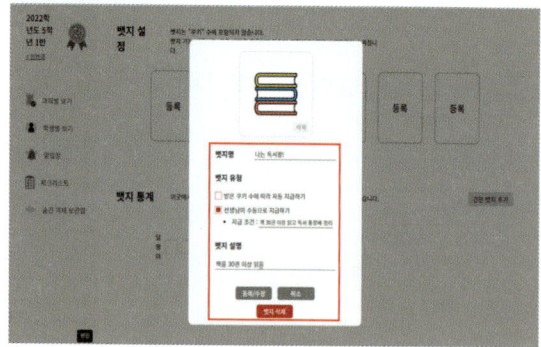

- 뱃지명은 7자, 뱃지 설명은 20자의 글자 수 제한이 있습니다.
- 뱃지 유형을 선택하여 쿠키 수에 따라 뱃지가 자동 지급되거나 수동으로 지급할 수 있습니다.

⑤ 뱃지를 수동으로 지급할 경우 간편 뱃지 추가를 클릭합니다.

⑥ 어두운 뱃지를 클릭하면 밝게 변하면서 뱃지가 부여됩니다. 뱃지를 부여한 뒤 저장을 클릭합니다.

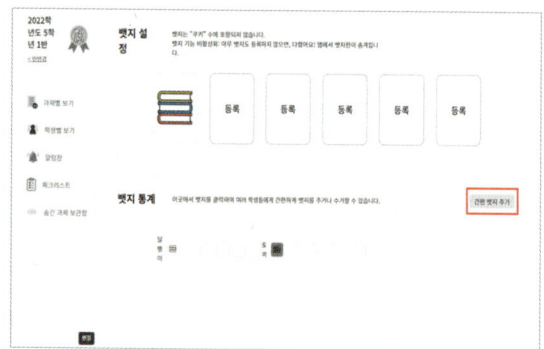
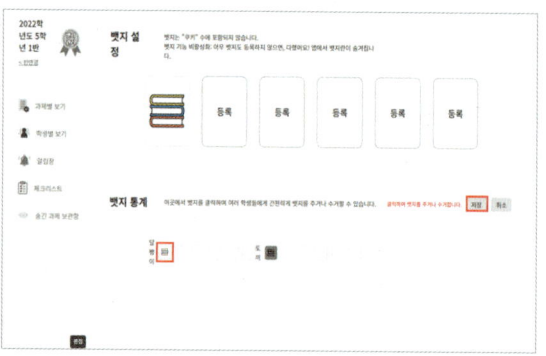

⑦ (학생 화면) 화면 상단에 뱃지가 부여된 것을 확인할 수 있고 클릭하면 상세 설명을 볼 수 있습니다.

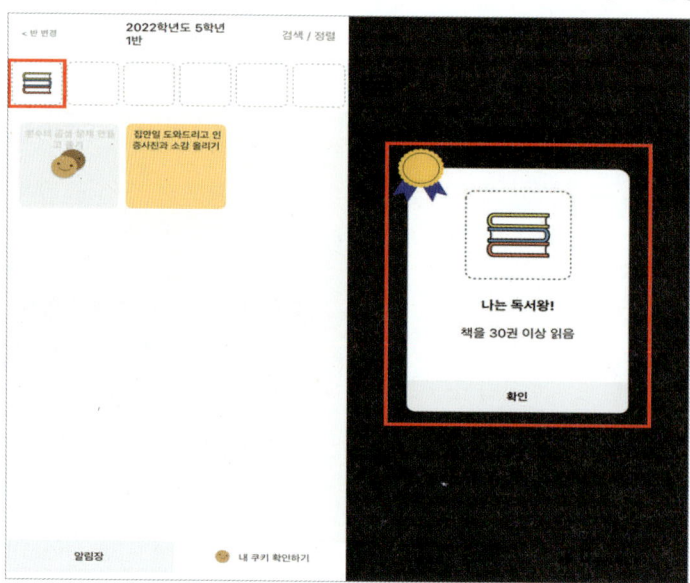

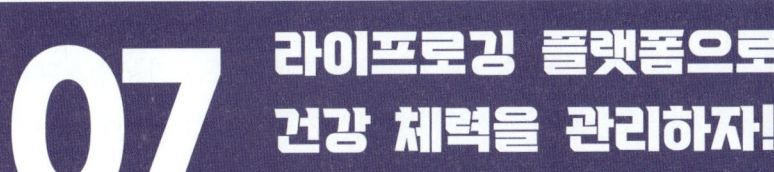

07 라이프로깅 플랫폼으로 건강 체력을 관리하자!

건강 관련 데이터를 자동으로 수집하여 체계적으로 정리해 주는 라이프로깅 플랫폼을 활용하면 자신의 건강 상태를 점검하고 개선하는 데 도움을 받을 수 있습니다.

07.01. 런데이(RunDay) 앱으로 건강 체력 관리하기

런데이(RunDay)는 매일 30분 달리기, 자유 달리기 등 달리기 운동을 위한 트레이닝 프로그램을 제공하고 자신의 운동 기록을 저장, 공유할 수 있는 운동 관련 라이프로깅 플랫폼입니다.

런데이에서 제공하는 다양한 트레이닝 프로그램

운동기록이 달력에 자동으로 기록되는 모습

학교와 가정에서 런데이(RunDay) 앱을 이용해 규칙적으로 달리기 운동을 하고 결과를 기록하여 학생들의 건강 체력을 관리할 수 있습니다.

런데이의 기본적인 기능은 앞서 소개한 나이키 런 클럽(Nike Run Club)과 대부분 유사합니다.

하지만, 한국의 기업이 만들었기 때문에 달리기 트레이닝 프로그램을 통해 사용자의 컨디션에 따라 달리기 페이스를 조절하여 최적의 운동이 이루어지도록 음성으로 지도해 주는 기능이 보다 더 특화되어 있습니다. 학생들이 서로 친구 추가를 하고 서로의 달리기 기록을 이기기 위해 마치 게임을 하듯이 경쟁을 하거나 운동 결과를 이미지 파일 형태로 클래스팅과 같은 학급 SNS에 공유한다면 꾸준한 운동이 자연스럽게 이루어져 체력 증진에 효과적일 수 있겠습니다.

달리기 운동에 대한 세부적인 데이터

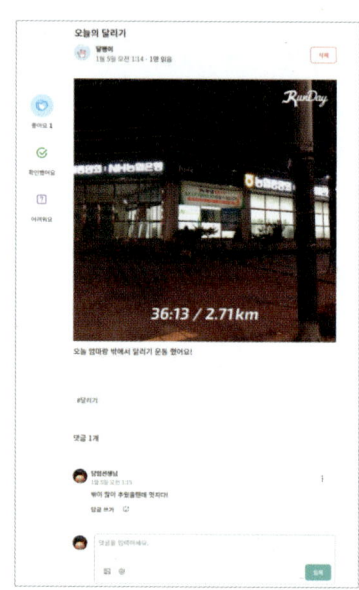

운동 결과를 학급 SNS에 올린 예시

07.02. 삼성 헬스로 건강 체력 관리하기

삼성 헬스(Samsung Health)는 삼성전자에서 만든 사용자 맞춤형 건강관리 앱입니다. 삼성의 갤럭시 스마트폰이나 웨어러블 스마트 기기가 있다면 삼성헬스 앱을 이용해 좀 더 다양한 건강 관련 데이터를 손쉽게 관리하여 학생들이 건강 체력 증진에 도움을 받을 수 있습니다.

삼성 헬스의 기본적인 기능은 걸음 수, 운동 기록, 섭취한 음식, 수면 기록, 물 섭취량, 스트레스 지수 등을 기록, 저장해 주는 것입니다. 이 중에는 스마트 기기를 통해 자동으로 입력되는 것도 있고 음식, 물, 운동 종류 등 사용자가 직접 입력해야 하는 항목도 있습니다. 이전에 소개했던 달리기 운동 중심의 런데이 앱과 달리 삼성 헬스에는 피트니스 메뉴에 사용자가 직접 보고 따라 할 수 있는 다양한 운동 프로그램도 제공합니다. 투게더 메뉴를 이용하면 다른 사용자와 함께 운동 기록을 공유할 수 있습니다. 또한, 일정 목표에 도달하면 다양한 배지도 얻을 수 있습니다.

오늘 하루의 건강 관련 데이터가 기록되는 홈 메뉴

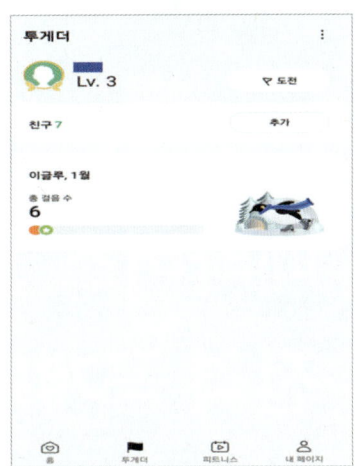

다른 친구의 운동 데이터를 볼 수 있는 투게더 메뉴

다양한 운동 프로그램이 제공되는 피트니스 메뉴

건강 데이터를 종합적으로 살펴볼 수 있는 내 페이지 메뉴

지금까지 라이프로깅의 개념과 특성, 활용 사례와 학교생활에 활용할 수 있는 라이프로깅 플랫폼 사용 방법에 대해 알아보았습니다. 일상생활에 라이프로깅을 활용하면 많은 데이터를 효율적으로 저장, 기록하여 관리할 수 있습니다. 자신에게 알맞은 플랫폼을 정해 학생 지도에 다양하게 활용해보시기 바랍니다.

메타버스 플랫폼 분석,
전격 공개!

CHAPTER 11

메타버스 플랫폼 비교 분석하기

01. 마인크래프트 에듀케이션, 로블록스, 제페토, 게더타운, 코스페이시스 에듀, 이프랜드 플랫폼을 비교·분석 해보자!

01 마인크래프트 에듀케이션, 로블록스, 제페토, 게더타운, 코스페이시스 에듀, 이프랜드 플랫폼을 비교·분석 해보자!

지금까지 메타버스 6종 플랫폼에 대해 살펴보았습니다. 어떤 메타버스 플랫폼들이 있었는지 기억나시나요? 순서대로 마인크래프트 에듀케이션, 로블록스, 제페토, 게더타운, 코스페이시스 에듀, 이프랜드를 다루었습니다. 이번 단원에서는 앞서 다룬 6종 플랫폼을 정리하여 비교 분석하는 시간을 갖도록 하겠습니다.

2022.1월 기준

		마인크래프트 에듀케이션	로블록스	제페토	게더타운	코스페이시스 에듀	이프랜드
운영 기업		모장 → 마이크로소프트(인수)	Roblox Corporation	네이버 제트	Gather Presence	Delightex	SKT
출시일		2011년 (스웨덴)	2006년 (미국)	2018년 (한국)	2020년 (미국)	2012년 (독일)	2021년 (한국)
동시접속 가능 인원		최대 약 40명 (10회 접속 무료, 그 이후는 유료)	최대 약 700명 (부분 유료)	16명, 관전자 60명 별도 (부분 유료)	최대 500명 (25명 초과 시 유료)	최대 400명 (기능 차이에 따른 유료화)	31명, 관전자 100명 별도 (무료)
비용		교육용 에디션 기준 1년 약 6,500원	서비스 자체는 무료 / 부분 유료화 (유료 멤버십, 유료 아이템 구매, 유료 게임 등)	서비스 자체는 무료 / 부분 유료화 (아이템 구매 등)	소규모 인원 (25명 이하)은 서비스 무료 / 동시접속 500명까지 유저당 3달러(일 단위), 7달러(월 단위)	30명 기준 연간 약 22만 원 / 100명 기준 연간 약 60만 원	무료 (2021년 하반기 기준)
주요 특징	기본	· 전 세계적으로 인기 있는 플랫폼 (매월 1억 4천만 명 이상의 플레이어가 플레이 중)	· 전 세계적으로 인기 있는 플랫폼 - 2018년부터 빠르게 성장 (매월 2억 명 이상의 플레이어가 플레이 중)	· 2억 명 이상의 누적 회원 보유	· 기존의 화상회의 시스템에서 진일보	· 교육에 특화된 플랫폼 (VR, AR 등)	· 직관적인 인터페이스 제공

		마인크래프트 에듀케이션	로블록스	제페토	게더타운	코스페이시스 에듀	이프랜드
	기반	· PC/모바일 기반 플랫폼	· PC/모바일 기반 플랫폼	· 모바일 기반 플랫폼	· PC/모바일 기반 플랫폼	· PC/모바일 기반 플랫폼	· 모바일 기반 플랫폼
	가상 경제		· 제작 아이템 거래 가능	· 제작 아이템 거래 가능			
	특화	· 교육용 에디션이 별도로 존재하여 다양한 과목과 융합하여 지도하기에 용이함. - 코드빌더 [메이크 코드 – 블록 코딩], [파이썬 – 텍스트 코딩] 가능 - 클래스룸모드 (관리자 모드) - 칠판 기능 - 카메라 기능 - NPC기능 등 · STEAM 교육에 적합한 플랫폼 · 3D 프린터로 건축물 출력 가능	· 게임 제작 엔진이 지속적으로 업데이트되면서 콘텐츠의 질도 꾸준히 향상되고 있음. · 세계 각 유저들이 제작해 놓은 콘텐츠를 활용하여 짧은 시간 안에 메타버스 환경 구축 가능 - NPC기능 · 2021년 하반기에 음성채팅기능이 추가되었음 (13세 이상만 가능) · 3D 프린터로 아바타 출력 가능	· 얼굴인식, AR, 3D 기술 등을 활용하여 입체적인 가상공간 구성 가능 · 제페토 빌드잇으로 월드맵 제작하기 · 제페토 스튜디오를 활용하여 아이템 디자인하기	· 맵 제작시 영상, 사진, 외부 링크를 삽입할 수 있으며, 맵 자체에 이미지 삽입도 가능 · 같은 공간에 있는 아바타와 대화 가능 - 기본적으로 4칸 내에 있으면 개인 대화가 가능하며, 그 이상 멀어지면 개인 대화가 불가능	· 3차원 환경에서 작품을 제작하며, 완성된 작품은 스마트폰에서 VR, AR, 3D 화면으로 체험 가능 · 학급 개설 및 관리가 용이함 · 멀지큐브와 연계하여 유의미한 교육활동 가능 · STEAM 교육에 적합한 플랫폼	· 3D 아바타를 통해 소통하는 소셜 커뮤니케이션 플랫폼 · 유료화 가능성 ↑
	활용 방안	· 게임 리터러시 교육 가능 · 3D 블록을 입체	· 게임 리터러시 교육 가능 · 프로그래밍(코딩	· 역할극, 테마파크, 박람회, 캠퍼스 구축 등 · 메타버스 수학여	· 가상교실, 가상오피스, 가상대학교, 전시회, 박람회 구축 등 · 다양한 에듀테크	· 친환경 모형 주택 만들기 · 멀지큐브로 AR	· 대형 행사 (입학식, 졸업식 등), 홍보전시회, 강연회, 세미나, 공연 등

	마인크래프트 에듀케이션	로블록스	제페토	게더타운	코스페이시스 에듀	이프랜드
	적으로 구현하여 코딩교육과 연계한 활동 가능 · 가상 도시 구축, 미션 활동 부여	교육) 연계를 통해 다양한 이벤트 생성 가능 · 진로 교육 연계 가능 - 다양한 직업 체험 - 직업박람회 제작 등	행 떠나기 ex.하하호호 경주월드	들을 연결하여 사용하기에 용이 · 메타버스 방탈출게임 등 제작 가능	(증강현실) 만들기 · 블록 코딩 및 텍스트 코딩 등 교육 가능	· 집단상담, 교무회의, 학습발표회, 학부모총회 등
적용 사례	· 아산 공세리성당, 청양 상의사, 출렁다리, 장승마을 등 지역사회 연계 메타버스 구축 · 대한민국 청와대 구현 및 행사 진행 · 영남대학교 오픈 캠퍼스 구축	· 아바 등 유명 가수들의 콘서트 진행 · 미국의 할로윈, 노동절 등 대규모 이벤트 진행 · 서울 안전 한마당 안전교육 체험 콘텐츠	· K-POP 팬 미팅 · 한강 공원 등 한국 명소 구현 · 3차원 국립 어린이과학관 구현	· 부동산회사 '직방' 재택근무 구현 · 대학 입시설명회, 기업 채용설명회 등 · 수업 사례 나눔	· VR 전시회 구축 · 국립대구과학관 행사 진행 · 공유 코드(링크)를 통해 다양한 작품에 대한 나눔 가능	· K-POP 팬 미팅 · 순천향대 입학식 · 성균관대 성균관 백일장 대회 개최

CHAPTER 12

기타 메타버스 알아보기

02. VR챗 플랫폼을 알아보자!
03. IAM 팝스쿨 수학 메타버스 플랫폼을 알아보자!
04. 가상 전시 플랫폼을 알아보자!
05. 메타(페이스북)의 호라이즌 워크룸을 알아보자!
06. 마이크로소프트의 메쉬를 알아보자!

02 VR챗 플랫폼을 알아보자!

VR챗의 특징

다양한 아바타 월드(Avatar Worlds)

*출처: VRChat https://hello.vrchat.com/

VR챗 플랫폼에 대해 살펴보겠습니다. VR챗이란 VRChat Incorporated에서 2017년 2월 1일에 스팀을 통해 발매한 무료 가상현실 보이스 채팅 프로그램입니다. VR챗은 다양한 VR 기기를 활용하여 이용할 수도 있고, VR 기기 없이도 제한적으로나마 해당 플랫폼을 이용할 수 있습니다. VRChat에서 제공하고 있는 기능 목록은 아래와 같습니다.

첫째, 아바타가 사용자의 시선 및 눈 깜박임 등의 신체 동작을 인식하여 생동감 넘치는 의사소통을 가능케 합니다.
둘째, 제스처와 이모티콘 등을 활용한 의사 표현 기능을 제공합니다.
셋째, 3D 공간화 오디오(입체 음향)를 지원합니다.
넷째, Unity SDK를 활용하여 나만의 아바타 및 세계(World)를 구현할 수 있습니다.
다섯째, 다른 커뮤니티 회원들이 만들어놓은 수백 개의 세계를 살펴볼 수 있습니다.

콘텐츠 크리에이터들은 VR챗을 활용하여 매일매일 새로운 콘텐츠를 개발하고 있습니다. 즉 크리에이터들은 VR챗을 활용하여 다양한 상황극을 하거나 단편영화 등을 제작하며 메타버스를 적극적으로 활용하고 있습니다. 유튜브 플랫폼에 'VR챗'을 검색하여 다양한 영상들을 확인해 보시길 추천해 드리겠습니다.

03 IAM 팝스쿨 수학 메타버스 플랫폼을 알아보자!

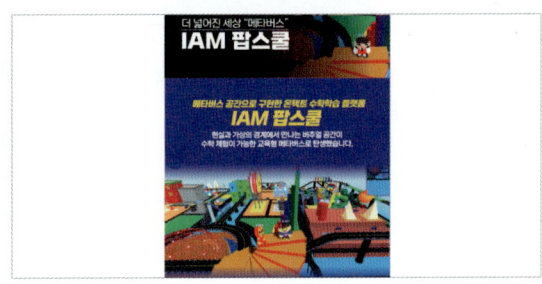

메타버스 수학 플랫폼 IAM 팝스쿨　　**메타버스 플랫폼 IAM 팝 스쿨**

*출처(IAM 팝스쿨) : https://buy.heyiam.us/main/index.php

IAM 팝스쿨은 메타버스 공간으로 구현된 온택트 수학학습 플랫폼입니다. 즉 IAM 팝스쿨은 가상공간에서 수학 교과서 개념을 바탕으로 다양한 활동 및 게임을 제공하고 있습니다. 주요 특징은 다음과 같습니다.

첫째, 다양한 교과 주제의 테마 공간을 제공하고 있습니다. 곱셈구구가 가능한 '숲과 자연' 테마, 좌회전 금지 미로가 있는 '도심 속 삶' 테마 등과 같은 다양한 테마공간을 제공하여 사용자로 하여금 생동감을 느끼게 만듭니다.

둘째, 수학적 게임, 동영상, 히든 퀘스트 등 다양한 반응형 오브젝트 콘텐츠를 제공합니다. 나만의 캐릭터가 테마 공간을 둘러보며 다양한 콘텐츠를 체험할 수 있습니다.

셋째, 나만의 캐릭터를 커스터마이징할 수 있습니다. 나만의 캐릭터를 직접 꾸밀 수 있는 시스템을 제공하고 있습니다.

넷째, 초·중·고 정규교육과정에 따른 콘텐츠 구성으로 학습관리·분석 시스템을 제공합니다. 모든 활동이 기록·분석되어 꼼꼼한 학습관리가 가능하겠습니다.

IAM 팝스쿨을 이용하기 위해선 위의 웹주소를 통해 교육용 콘텐츠를 구매하여 학생들에게 콘텐츠 링크를 공유해 주면 되겠습니다. 발전 가능성이 돋보이는 메타버스 플랫폼이라고 할 수 있겠습니다.

04 가상 전시 플랫폼을 알아보자!

가상 전시 플랫폼을 살펴보신 적이 있나요? 코로나19로 인해 오프라인의 전시회가 점차 온라인으로 이동하고 있습니다. 즉 전시 및 박람회에서도 디지털 전환(Digital Transformation)이 가속화되고 있음을 확인할 수 있습니다. 3가지의 가상 전시 플랫폼 사례를 살펴보며 메타버스의 확장 가능성을 고민해보는 유의미한 시간이 되시길 바랍니다.

04.01 대한민국 혁신박람회 (2021)

2021 대한민국 혁신박람회

혁신 메타버스 가상 전시관

KTV 국민방송 유튜브 - 2021 대한민국 혁신박람회

KTV 국민방송 유튜브 - 2021 대한민국 혁신박람회

*출처: 행정안전부 https://www.innoexpo.kr/main/main#none
*출처: 2021 대한민국 혁신박람회 브리핑
 https://www.korea.kr/news/policyBriefingView.do?newsId=156478548
*출처: KTV 국민방송 유튜브 - 2021 대한민국 혁신 박람회
 https://www.youtube.com/watch?v=4I-MIxndD6M

2021 대한민국 혁신박람회는 '같이하는 혁신, 함께 여는 미래'라는 주제로 11월 3일부터 11월 12일까지 10일간 개최되었습니다. 이 박람회는 코로나19 상황을 고려하여 온라인 중심으로 준비되었습니다. 온라인 전시관에서는 중앙부처, 지방자치단체, 공공기관 등 총 80여 개 기관이 참여하여 70여 개의 혁신 우수사례를 선보였습니다. 특히 '혁신 메타버스 플랫폼' 전시관을 구축하여 박람회에 첨단 기술을 접목하기 위해 노력하였다는 것이 주요 특징입니다. 또한 관심 분야에 따라 추천 코스를 제공하는 '나만의 혁신비서'를 통해 맞춤형 콘텐츠를 제공하였습니다. 즉 메타버스 플랫폼에 인공지능 기술을 접목하여 개인화 맞춤 추천 시스템을 구현하였다는 점에서 큰 의의가 있습니다.

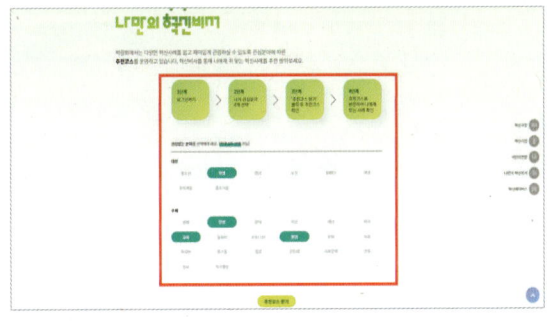

나만의 혁신비서 - 추천 코스 받기

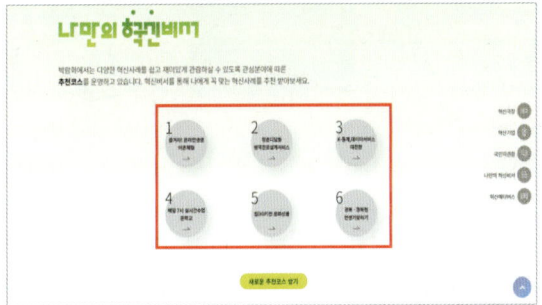

나만의 혁신비서 - 추천 코스 받기

04.02 에듀테크 코리아 페어 (2021)

2021 에듀테크 코리아 페어

2021 에듀테크 코리아 페어 - 가상 전시관 바로가기

2021 에듀테크 코리아 페어 가상 전시관 접속

2021 에듀테크 코리아 페어 AI 러닝&메타버스관

*출처: 교육부, 산업통상자원부 https://edtechkorea.or.kr/fairDash.do?hl=KOR

*출처: 교육부 보도자료

https://www.moe.go.kr/boardCnts/view.do?boardID=294&lev=0&statusYN=W&s=moe&m=020404&opType=N&boardSeq=88983

2021 에듀테크 코리아 페어는 '에듀테크, 학습 혁신과 메타버스의 시작'이라는 주제로 9월 14일부터 9월 16일까지 3일간 개최되었습니다. 이 박람회에서는 AI 러닝, 메타버스, Green Smart School, 창의 융합 교육, 어학, 자격, 서비스, HRD, 평생교육 등에 대한 전시를 진행하였습니다. 위의 사진과 같이 '가상 전시관'에 접속하여 현장에서 직접 전시관을 둘러보듯 관람하고 체험할 수 있습니다. 특히 가상 전시관 내의 교육부 정책홍보관에서는 에듀테크를 활용한 수업사례 발표 영상, 디지털 교과서 실감형 콘텐츠(가상현실, 증강현실, 360도 영상) 등을 살펴볼 수 있으

며, 산업부 정책홍보관에서는 인공지능(AI)·확장 현실(XR) 등을 활용한 지식서비스 연구개발 우수 기술에 대한 소개와 체험도 진행되었습니다. 메타버스 플랫폼을 활용하여 메타버스라는 주제로 진행된 이번 박람회, 웹주소에 접속하셔서 꼭 한번 확인해 보시길 추천해 드리겠습니다.

04.03 산학협력 EXPO (2021)

2021 산학협력 EXPO

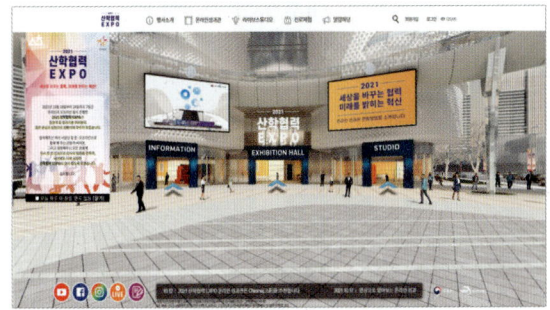

2021 산학협력 EXPO - 온라인 성과관

2021 산학협력 EXPO 개별 부스

2021 산학협력 EXPO 학생 진로 체험 프로그램

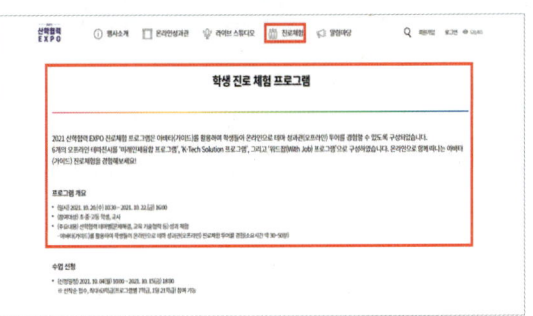

*출처: 교육부, 한국연구재단 https://www.uicexpo.org/main/index.asp
*출처: 교육부 보도자료
https://www.moe.go.kr/boardCnts/viewRenew.do?boardID=294&boardSeq=89332&lev=0&searchType=null&statusYN=W&page=1&s=moe&m=020402&opType=N

2021 산학협력 EXPO는 '세상을 바꾸는 협력, 미래를 밝히는 혁신'이라는 주제로 10월 18일부터 10월 24일까지 7일간 온라인 성과 관과 오프라인 전시관을 연계하여 개최되었습니다. 이 박람회에서는 산학협력 성과 공유를 위해 주제별 전시관을 운영하고, 가상공간을 활용한 메타버스 경진대회 등의 다양한 행사를 개최하였습니다. 특히 '가상(아바타) 진로 체험을 운영하여 학생들

이 온라인으로 테마 성과 관(오프라인) 투어를 경험할 수 있도록 구성하였다는 것이 주요한 특징이라고 할 수 있습니다. 진로 체험은 아바타(가이드)를 활용하여 학생들이 온라인으로 테마 성과 관(오프라인) 진로 체험 투어를 경험하도록 프로그램이 기획되고 실행되었습니다. 즉 메타버스 플랫폼과 오프라인 전시관을 연계하여 진로 체험 프로그램을 실행하였다는 점에서 큰 의의가 있습니다.

지금까지 다양한 가상 전시 플랫폼 사례를 살펴보았습니다. 이와 같은 가상 전시 플랫폼은 인공지능의 알고리즘 추천 시스템과 결합하는 등 무한한 발전 가능성을 내포하고 있습니다. 즉 사용자 개개인에게 맞춤 추천 시스템을 제공하여 '사용자 최적화' 전시 시스템이 상용화될 것입니다. 메타버스 가상 전시관에서 작품을 관람하고, 기술을 체험하는 시대, 혁신의 물결은 이미 도래했다고 말할 수 있겠습니다.

05 메타(페이스북)의 호라이즌 워크룸을 알아보자!

메타(페이스북)   호라이즌 워크룸 소개

*출처: 메타 https://about.facebook.com/ko/meta/
*출처: 호라이즌워크룸
https://www.oculus.com/blog/workrooms/ , https://www.youtube.com/watch?v=Igj50IxRrKQ&t=30s

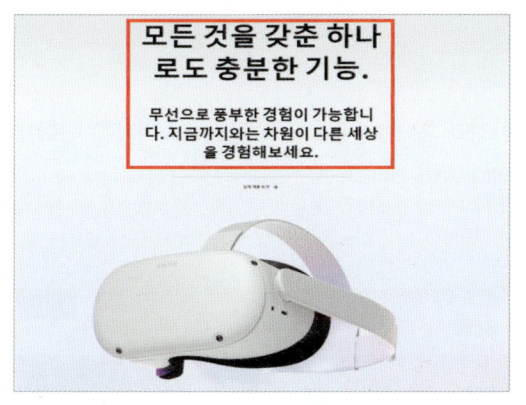
오큘러스 퀘스트2

호라이즌 워크룸에서 회의를 진행하는 모습

*출처: 오큘러스 퀘스트2 https://www.oculus.com/quest-2/

세계적인 기업 페이스북이 2021년 10월 28일에 메타로 회사명을 변경하며 사회적 관심을 불러일으켰습니다. 메타는 어떤 미래를 꿈꾸고 있을까요? 메타에 대해 함께 살펴보겠습니다. 마크 저커버그 메타(페이스북) 최고경영자(CEO)는 "앞으로 5년 안에 사람들은 우리를 소셜 미디어 회사가 아닌 메타버스 기업으로 보게 될 것이다"라고 선언했습니다. 이에 맞추어 2021년에 출시된 '호라이즌 워크룸'에 대해 살펴보겠습니다.

메타는 2014년 '오큘러스'라는 회사를 인수하여 HMD(Head-Mounted Display) 개발을 통한 VR 대중화를 선도하고 있습니다. 즉 현재 대중적으로 사용되고 있는 '오큘러스 퀘스트2' 기기를 활용하여 '호라이즌 워크룸'이라는 가상현실을 구현하기 위해 집중적으로 노력하고 있습니다.

'호라이즌 워크룸'을 온전히 이용하기 위해서는 '오큘러스 퀘스트2' 기기가 필요하며 컴퓨터의 오큘러스 원격 데스크톱 앱이 필요합니다. 만약 참여자 중에 '오큘러스 퀘스트2' 기기가 없다면 데스크톱에서 영상 통화를 통해 호라이즌 워크룸 회의에 참여할 수 있습니다. '호라이즌 워크룸'에 접속하게 되면 장거리에 있는 사용자들과 한 공간에 있는 듯한 느낌을 경험할 수 있습니다. 특히 '화이트보드 공유' 기능과 '화면 공유' 기능을 활용해 다른 사용자와 협업을 진행할 수 있습니다. 또한 '핸드 트래킹' 기능을 통해 아바타가 나의 동작을 인식하여 자연스럽게 표현한다는 것이 주요 특징입니다.

즉 호라이즌 워크룸의 출시는 기존의 화상회의가 가지고 있던 '공간의 제약'을 극복하여 가상현실을 통해 진정한 의미의 협업구조를 갖추기 시작했음을 뜻합니다. 호라이즌 워크룸의 '접속 방법'에 대해 소개해 드리도록 하겠습니다.

① 구글에 '호라이즌 워크룸 홈페이지'를 검색한 후, 'Workrooms 비즈니스 회의를 위한 VR – Oculus'를 클릭합니다.

② 아래의 홈페이지에서 오른쪽 상단의 '가입'을 클릭합니다.

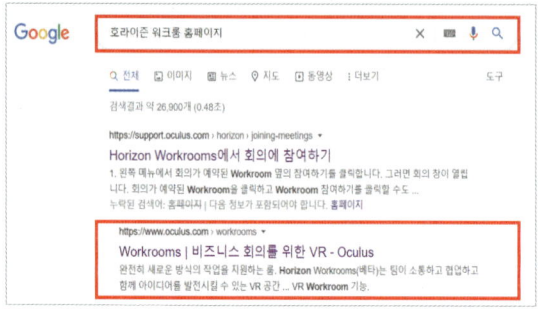
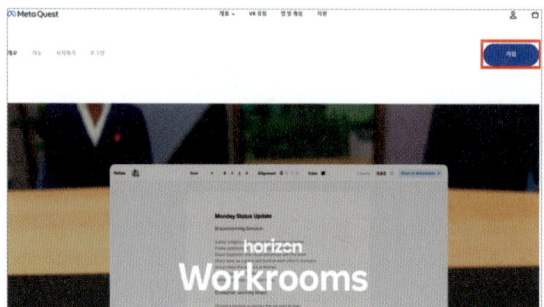

③ 이메일 주소를 입력한 뒤 '계속'을 누릅니다.

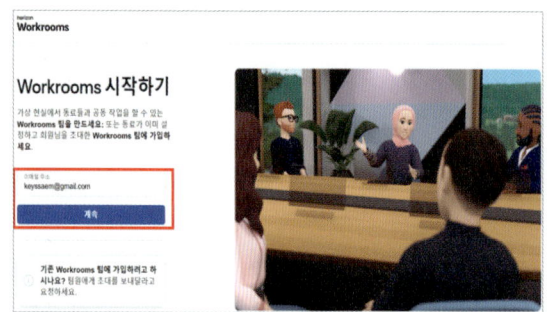

④ 이메일 인증 코드를 확인한 후, '이메일 인증'을 클릭합니다.

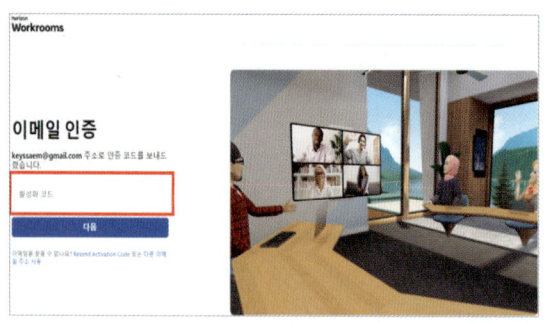
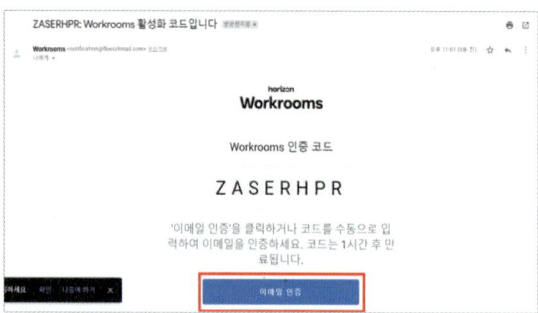

⑤ '새 Workrooms 팀 만들기'를 클릭합니다.

⑥ '팀 이름', '이름', '비밀번호'를 입력한 뒤, '계속'을 누릅니다.

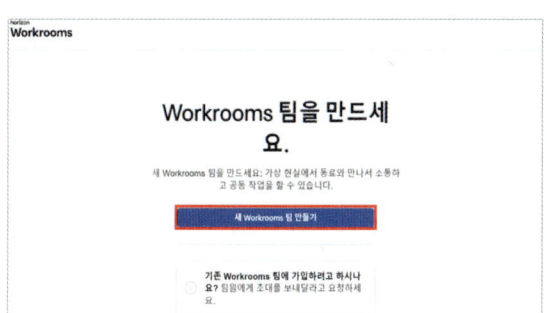

⑦ Workrooms 공지를 꼼꼼히 읽어 본 뒤, '계속'을 누릅니다.

⑧ 관리자가 되기 위해선 오큘러스 퀘스트 기기를 페어링 해야 합니다. 오큘러스 퀘스트에서 Workrooms를 다운로드하고 실행한 뒤, 'Workroom 참여'를 클릭하면 되겠습니다.

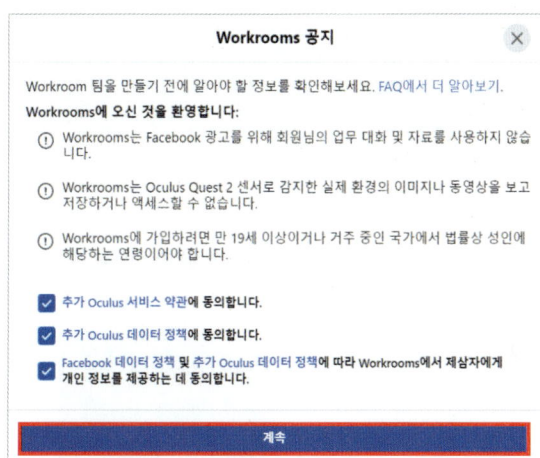

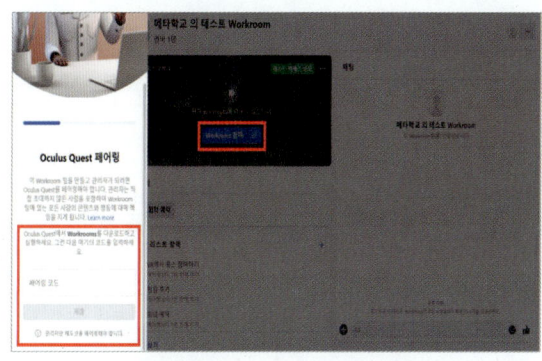

정기현 메타(페이스북)코리아 대표도 "메타버스는 게임·소셜 외에 예술, 교육, 공연, 업무 등 사람들이 어울릴 수 있는 모든 분야로 확장이 가능하다."라고 덧붙였습니다. 이처럼 메타버스와 가상현실의 잠재력은 무궁무진하다고 할 수 있겠습니다.

06 마이크로소프트의 메쉬를 알아보자!

세계적인 기업 마이크로소프트도 '메쉬'라는 MR(복합현실) 플랫폼을 공개하여 사회적인 관심을 불러일으켰습니다. 마이크로소프트는 어떤 미래를 꿈꾸고 있을까요? 메쉬에 대해 함께 살펴보겠습니다. 마이크로소프트의 메쉬는 기술의 발전을 통해 사람과 사람의 '연결'을 궁극적으로 지향하고 있습니다.

마이크로소프트의 메쉬(Mesh)

마이크로소프트의 홀로포테이션

마이크로소프트의 홀로렌즈2 (HoloLens 2)

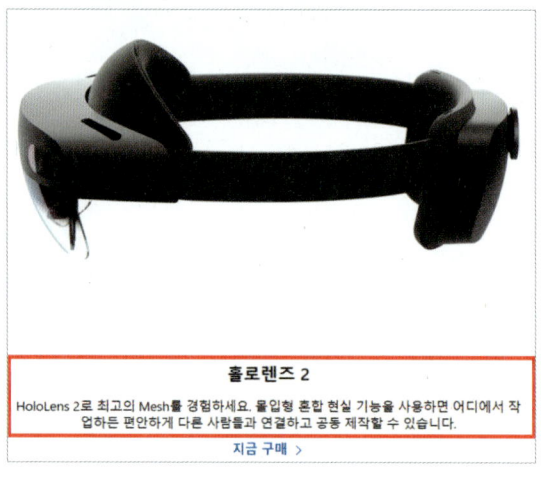

마이크로소프트의 메쉬와 알트스페이스VR의 호환

*출처: 마이크로소프트 메쉬
https://www.microsoft.com/en-us/mesh?rtc=1&wa=wsignin1.0#
*출처: 알트스페이스VR https://altvr.com/mesh/

현재 마이크로소프트의 메쉬 플랫폼을 온전히 활용하기 위해서는 '홀로렌즈2' 또는 VR 기기가 필요합니다. '홀로렌즈2'를 착용하고 메쉬 플랫폼에 접속하게 되면 마치 다른 사람들과 한 공간에 있는 듯한 느낌을 경험할 수 있습니다. 마이크로소프트는 이 기술을 홀로포테이션(Holoportation)이라고 부릅니다. 즉 '홀로렌즈2'를 통한 홀로그램을 활용하여 다양한 사용자와 한 공간에 모여 있는 듯한 느낌을 제공한다는 것입니다.

VR 소프트웨어인 '알트스페이스VR(AltspaceVR)'과 호환하여 '오큘러스 퀘스트'를 포함한 다양한 VR기기, 스마트폰, PC, 태블릿 등 다양한 디바이스를 활용하여 메쉬 플랫폼에 접속할 수 있습니다. 또는 '팀즈' 프로그램이나 '홀로렌즈용 메쉬앱'을 활용하여 가상공간에 접속할 수 있습니다. 이제 메쉬의 '접속 방법'에 대해 소개해 드리도록 하겠습니다.

① 구글에 'Microsoft mesh'를 검색한 뒤, 'Introducing Microsoft Mesh'를 클릭합니다.

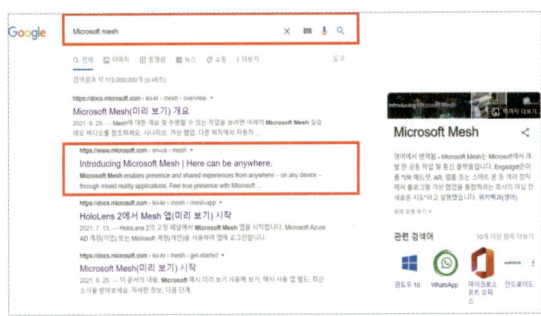

② 좌측 상단의 'Sign-up(가입)'을 클릭합니다.

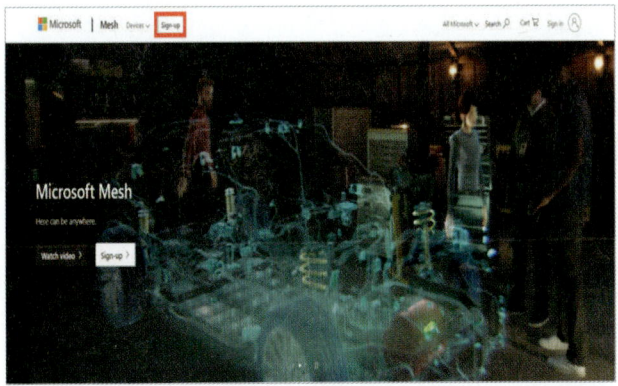

③ 가입 양식의 빈칸들을 채운 뒤 'Submit(제출하기)'를 클릭합니다. 호라이즌 워크룸과 마찬가지로, '이메일'을 확인하여 인증하면 되겠습니다.

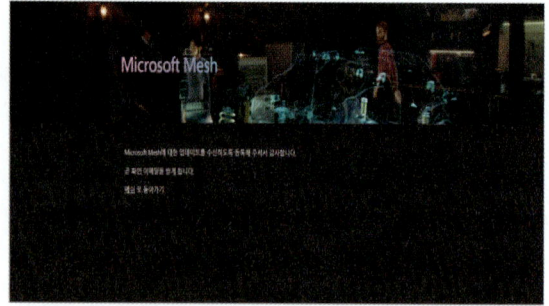

④ 'HoloLens용 메시 앱'을 선택한 후, '시작하다'를 클릭하면 되겠습니다.

⑤ 홀로 렌즈2(Hololens 2)를 이용하여 가상의 공간에 접속할 수 있겠습니다.

이처럼 메타버스와 혼합현실의 발전 가능성은 무궁무진하다고 할 수 있겠습니다. 하지만 '홀로렌즈2'는 앞서 언급한 '오큘러스 퀘스트2'와 비교해 보았을 때 상대적으로 높은 가격에 책정되어 있어 보급을 위해선 가격의 적정화가 필요하겠습니다.

지금까지 메타버스 6종 플랫폼을 비교·분석해 보고, 기타 다양한 메타버스 사례를 살펴보았습니다. '어제 맞던 것이 오늘은 틀리고, 어제 틀리던 것이 오늘은 맞는 세상'이 도래했습니다. 다양한 사례에 대한 꾸준한 관심 및 성찰적 연구를 통해 아이들에게 '내일'이라는 선물을 제공하시길 바랍니다.

이것만은 꼭!
메타버스 윤리교육!

METAVERSE

CHAPTER 13

메타버스 윤리 교육 준비하기

01. 메타버스 윤리를 알아보자!
02. 메타버스 윤리 교육의 필요성을 알아보자!
03. 메타버스 윤리 문제를 알아보자!
04. 메타버스 문제 해결을 위한 노력을 알아보자!

앞선 차시에서 살펴보았듯이 메타버스는 날이 갈수록 발전하고 있으며, 많은 사람이 메타버스가 새로운 시대를 열어갈 것이라는 긍정적인 평가를 하고 있습니다. 하지만 모든 기술은 인간이 어떻게 활용하느냐에 따라 동전의 양면과 같이 명과 암의 측면이 반드시 존재하기 마련이듯 메타버스 또한 긍정적인 가능성 이면에는 부정적인 면도 함께 존재합니다. 이번 단원에서는 메타버스로 인해 생길 수 있는 문제점을 알아보고, 메타버스 세계를 대비해 교육 현장에서는 어떤 준비를 해야 하는지 알아보도록 하겠습니다.

*출처: https://www.cctvnews.co.kr/news/userArticlePhoto.html

01 메타버스 윤리를 알아보자!

01.01. 메타버스 윤리란?

*출처: http://www.aitimes.com/news/userArticlePhoto.html

윤리라는 단어는 학교 현장에서 '윤리' 과목이나 '정보 윤리'라는 단어로 많이 들어보셨을 겁니다. 윤리란 인간이 사회의 일원으로서 지켜야 할 행동 규범이라고 볼 수 있습니다. 여기에 더하여 정보 윤리는 다른 말로 인터넷 윤리로서 인간이 사회의 일원으로서 인터넷상에서 지켜야 할 행동 규범입니다. 간단하게 이야기하면 정보 윤리는 인터넷 사용자가 지켜야 할 윤리라고 볼 수 있습니다.

그렇다면 메타버스 윤리는 무엇으로 정의할 수 있을까요? 메타버스 윤리'인간이 사회의 일원으로서 메타버스 세계에서 지켜야 할 행동규범이라 볼 수 있습니다. 즉, 메타버스 세계 속에 속한 메타버스 창작자(기업), 사용자가 지켜야 할 윤리라고 볼 수 있습니다.

01.02. 메타버스 윤리의 필요성

그렇다면 '메타버스 윤리' 교육이 왜 필요할까요? 메타버스는 가상 세계로서 현실세계에 기반을 두고 설계되어 단순한 가상이 아니라, 확장된 또 하나의 현실이기 때문입니다. 즉, 메타버스 세계에서도 현실세계에서와 마찬가지로 많은 사람과 상호작용이 이루어지며, 그 활동 내용이 단순히 소통과 놀이를 넘어서 정치·경제·사회·문화 등 확장되고 있다는 것입니다. 하지만 아직 메타버스 세계 속에는 명확한 법적 규율이 없어 현실세계에서 할 수 없는 일들이 일어날 위험성이 매우 높습니다.

메타버스 내에서의 저작권 문제부터 신종 사기 또는 여러 사이버 범죄들이 심화될 수 있습니다. 문제는 가상공간에서 벌어진 아바타 대상 범죄에 대한 처벌 규정이 제대로 마련돼 있지 않은 데다, 가해자를 찾아내기도 쉽지 않다는 점입니다. 이에 메타버스 플랫폼 기업들은 불법적인 행위를 해서는 안 된다는 가이드라인을 내놓았지만 이를 위반하는 경우 콘텐츠 삭제 정도의 가벼운 조치가 이뤄지고 있어 대응책으로는 부족하다는 의견이 많습니다. 이러한 현실 속에 분별력과 판단력이 부족한 학생들이 메타버스 세계에 노출된다면, 무분별한 범죄 등에 피해자가 될 확률이 높아 현명한 사용자가 되려면 하기 위해 '메타버스 윤리 교육'이 필수적인 시대가 되었습니다.

02 메타버스 윤리 교육의 필요성을 알아보자!

그렇다면 메타버스 속에서 일어나는 윤리 문제는 어떤 것들이 있을까요? 전문가들은 메타버스 속 자유도가 사용자의 행위를 온전히 예측할 수 없을 뿐만 아니라 가상공간과 익명성이라는 메타버스의 본질적 특성으로 인해 범죄에 대한 자책감과 부담감이 경감돼, 더 악질적이고 교묘한 수법의 범죄들이 등장할 가능성이 있다고 합니다. 전 세계의 사용자들로부터 들어오는 무수히 많은 양의 데이터를 일일이 검열할 수 없으니, 메타버스가 무법지대가 되는 디스토피아적 상상이 마냥 허황된 것만은 아닐 것입니다.

02.01. 사이버 성범죄 문제

한 학부모님은 초등학생 자녀의 휴대폰을 보고 충격을 받았다고 합니다. 아이가 요즘 푹 빠져 있는 메타버스 플랫폼 '제페토' 안에서 한 이용자가 아이에게 음성 채팅 기능을 통해 "몸매가 좋네" "가슴은 커?" "속옷 벗어봐" 등 성희롱 발언을 하는 것을 목격한 것인데요. 깜짝 놀란 학부모님은 아이에게 당장 그만두라고 했지만, 최근 메타버스 플랫폼이 10대들 사이에서 새로운 놀이터이자 하나의 문화가 된 이상 걱정을 떨치지 못했다고 합니다.

*출처:
https://post.naver.com/viewer/postView.naver?volumeNo=32197672&memberNo=43011790&vType=VERTICAL

메타버스 플랫폼 중 하나인 로블록스 게임 안에는 Oder(오더)라는 부류의 이용자들이 있습니다. 오더는 Online Dater(온라인 데이터)의 줄임말로 온라인에서 연애 상대를 찾는 사람을 가리킵니다. 그들이 파트너를 찾는 행위를 Oding(오딩)이라고 하는데, 오딩 행위는 로블록스 안에서 금지되어 있지만 자유도가 높은 게임 성격상 규정을 피해 가는 오더들을 심심치 않게 만날 수 있습니다. 이러한 오더들은 오딩 행위에 그치지 않고 '섹스팅'(성적으로 문란한 내용의 문자 메시지나 사진을 휴대폰으로 전송하는 행위)까지 요구하기도 합니다.

*출처:
https://www.youtube.com/watch?v=nYZX9fvrY3U

메타버스는 나와 같은 아바타가 나처럼 행동하지만 현실세계와 달리 익명성이 보장되는 가상세계를 기반으로 하기 때문에 윤리적인 문제가 많이 생길 수 있습니다. 특히 메타버스의 주 이용자가 아동과 청소년이라는 점에서 사이버 성범죄 문제는 더욱 주목받고 있습니다.

얼굴이나 이름 등이 공개되지 않는다는 이유와 익명성을 바탕으로 상대방에게 성적이 수치심을 느끼게 하거나 성적인 언어로 피해를 입히는 사이버 성추행, 성폭행 아바타를 스토킹하는 사이버 스토킹 등에 아동과 청소년들이 이러한 세계에 무분별하게 노출될 수 있습니다.

02.02. 메타페인

최근 일본에서는 '히키코모리'라고 하여, 은둔형 외톨이로 살아가는 젊은 층들이 많아지고 있어 사회적 문제로 대두되었던 적이 있습니다. 이와 같은 맥락에서 메타버스 플랫폼에서는 현실에서 하지 못하는 것도 할 수 있는 동시에, 현실에서만 가능했던 사회·문화·경제 활동을 할 수 있어 메타버스 안에서만 활동하고 현실세계를 등한시하는 '히키코모리'와 같은 메타페인이 많이 질 수 있다는 문제점이 있습니다.

*출처:
https://m.health.chosun.com/svc/news_view.html?contid=2018010202045

메타페인은 게임중독의 문제와 비슷하지만, 그 정도가 심해질 것입니다. 한때 인터넷 게임이 유행했을 때 리셋 증후군(컴퓨터가 오작동할 때 리셋 버튼만 누르면 처음부터 다시 시작할 수 있는 일이 현실에서도 가능하다고 착각하는 증상)처럼 가상세계에 빠진 사람들은 오히려 현실세계에서의 삶을 지루해하고 그저 생명을 이어가기 위해 어쩔 수 없이 존재하는 공간이 되어 리셋 증후군 같은 문제점이 우후죽순 생겨날지도 모릅니다.

02.03. 메타버스 독과점 문제

*출처:
https://blog.naver.com/rhksdn112/222144703680

영화 매트릭스를 보셨나요? 매트릭스의 인공지능(AI)에 의해 인류가 지배되고 인간의 기억마저 AI에 의해 입력되고 삭제되는 세상을 배경으로 합니다. 매트릭스의 배경이 서기 2199년으로 설정하였으니 영화감독 또한 이러한 세계가 아주 먼 미래라고 생각했겠지만, 매트릭스가 출시되고 20년이 된 지금 이러한 문제가 현실에서 새롭게 대두되고 있습니다.

정보를 독점으로 사용하고 통제·관리하는 권력 또는 그러한 세력을 빅브라더(Big brother)라고 합니다. 메타버스 플랫폼은 포털이나 SNS의 독과점보다 더 무서울 것입니다. 메타버스 플랫폼 기업은 개인의 사생활을 다양한 방면에서 관찰할 수 있고, 단순한 개인 정보 수집이 아닌 심층적인 수집이 가능할 것이기 때문입니다. 이러한 정보는 개인의 감시하고 더 나아가서는 인권을 침해할 수도 있습니다.

02.04. 메타버스 경제 문제

'금융 메타버스'가 금융권의 트렌드로 급부상했습니다. 코로나바이러스 감염증, 일명 COVID-19 사태로 비대면 경제시장이 커지면서 금융권의 시선이 디지털로 구현한 가상의 세계인 메타버스로 집중되고 있기 때문입니다. 내년 초 은행을 필두로 메타버스 간편결제 서비스와 플랫폼이 대거 구축될 예정입니다. 금융사는 고객이 지점을 가지 않고도 메타버스를 통해 자금 조달, 중개, 투자, 서비스 등 금융 생활이 가능하도록 계획하고 있습니다.

*출처:
https://www.visakorea.com/about-visa/newsroom/press-releases/nr-kr-210825.html

금융권 메타버스 플랫폼 구축 경쟁과 맞물려 보안 사고 확률도 높아졌습니다. 온라인에서는 개인 정보가 공유되는 시점을 비교적 명확히 알 수 있지만, 메타버스에서는 현실세계와 마찬가지로 자신에 관한 어떤 개인 정보가 어느 시점에 누구에게 공유되는지 확인하기가 어렵기 때문입니다.

아바타를 통한 금융 정보와 개인 정보가 탈취될 가능성도 배제할 수 없습니다. 미국 메타버스 게임 플랫폼 로블록스의 경우 아바타를 꾸미기 위해 무료로 아이템을 제공한다는 가짜 피싱 사이트 링크를 업로드해서 사용자 계정을 탈취하는 유저가 성행하고 있다고 합니다. 메타버스 내에서 아바타를 활용한 유대감, 친밀감 형성이 쉽다는 장점이 있지만 이를 악용해 악성 프로그램을 설치하도록 해서 민감한 정보를 빼내 갈 우려도 있습니다.

메타버스 구현 기술, 플랫폼 보안성은 물론 인공지능(AI), 대체불가 토큰(NFT)을 비롯한 가상화폐 등 새로운 보안 문제도 해결해야 할 과제입니다. 메타버스가 초연결 플랫폼으로 주목받고 있지만 이를 노린 신종 자산 탈취, 사이버 테러가 늘 것이라면서 메타버스 환경에 맞는 클라우드 시스템 도입과 통제시스템, 중장기로 금융 사고 등을 책임질 사이버 보험 마련도 시급합니다.

02.05. 메타버스 정보보호 문제

*출처:
http://www.kidd.co.kr/news/216538

메타버스 세계에서는 확장 현실을 지원하기 때문에 현실세계에서 생성되지 않았던 개인 정보가 수집될 수 있습니다. 메타버스라는 가상의 공간에서는 사용자의 시선 이동이 분석되기 때문에 자신이 경험했던 가상의 장소는 어디이고, 시간을 얼마나 사용했는지, 누구와 대화를 나누었으며 어떤 대화를 나누었는지, 이용자의 시선 이동은 어떻게 이루어졌는지가 모두 기록에 남을 수 있습니다.

이는 메타버스 세계 속에서는 자신의 일거수일투족을 감시당할 수 있음을 의미합니다. 경험 시간, 교류 상대방, 대화 등 자신을 속속히 알아볼 수 있는 정보가 심층적으로 수집·처리되는 문제점이 있습니다. 이는 개인 정보 유출이나 사생활 침해 등 다양한 문제로 드러날 수 있습니다.

예를 들면 '디지털 트윈'이란 현실세계의 장비나 사물, 공간 등을 컴퓨터 속 가상세계 안에서 구현하는 것을 의미합니다. 현실에서 물리적인 공간을 구축할 때 비해, 메타버스 내에서 건물, 물건, 공간 등을 구현할 때는 별다른 제재가 없습니다. 이러한 점을 악용하여 메타버스 속 개인의 활동과 행동을 몰래 관찰하고, 생체 정보까지 수집할 수 있습니다. 이러한 정보를 수집하여 메타버스 내 아바타의 현실세계에 특정인을 지목할 수 있을 정도로 수집된다면 프라이버시 침해로까지 이어질 수 있습니다.

02.06. 메타버스 지적 재산권 문제

지난 6월 초 메타버스 플랫폼 중 하나인 로블록스는 미국 음악 출판협회로부터 약 2억 달러 규모의 손해배상청구 소송을 당하는 사건이 발생하였는데, 로블록스가 라이선스 계약 없이 가상 음악 재생장치를 통해 플랫폼 안에서 음악 저작물을 무단으로 이용해왔다는 것에 대한 소송이었습니다. 협회 측은 로블록스가 사용자들이 음악을 올릴 때마다 수수료로 수익을 창출하면서 저작권 라이선스 계약을 체결하지 않고 창작자들에게 저작권료도 지급하지 않고 있다고 주장하였습니다. 또 협회는 로블록스가 저작권에 대해 안내를 하지 않았으며, 저작권 침해 대응도 일절 하지 않아 사용자들이 인식하지 못한 채 음악을 훔쳐 쓰도록 유도한다고 비판하기도 하였습니다.

음악 외에도 현실세계의 다양한 콘텐츠가 메타버스 콘텐츠로 구현되는 과정에서 다양한 저작권 침해 문제가 발생할 수 있습니다. 가상공간에서도 기존의 법체계가 많은 부분을 판단하겠지만, 때로는 현실에서 저작권 보호를 받지 못했거나 저작권 침해가 문제 되지 않았던 영역이 메타버스에서 쟁점화될 수 있어 주의를 필요로 합니다.

이렇듯 메타버스 내 지식재산권에 대한 우려 또한 상당합니다. 메타버스 내 자산은 디지털 자산으로 분류되는데 디지털 자산이란 하드디스크, SSD와 같은 기억장치에 저장될 수 있는 사진, 음원과 같은 저작물과 비트코인 같은 암호화폐 등 전산화되어 존재하는 모든 종류의

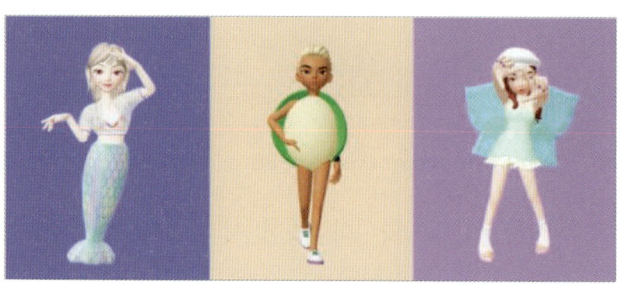

*출처: http://m.kmib.co.kr/view.asp?arcid=0014543685

자산을 말합니다. 이때 메타버스에 만들어지는 아바타 및 사물 또한 디지털 자산으로 분류되기 때문에 지적 재산권을 갖습니다.

메타버스의 사용자는 소비자이면서 동시에 창작자입니다. 그 때문에 사용자가 창작하고 개발한 콘텐츠에는 저작권이 부여되어야 하는데, 메타버스 내에서 생성된 콘텐츠의 경우 복제와 공유가 너무 쉽다는 문제가 있습니다. 이로 인해 콘텐츠에 대한 지식재산권이 침해되기 쉬우며 저작권에 대한 보호도 받기 어렵습니다.

메타버스 내에 생성된 모든 것들은 누구의 소유일까요? 사용자가 창작한 콘텐츠(User Generated Contents, UGC)는, 메타버스 플랫폼 운영자가 창작에 특별히 관여하지 않고 게시 환경만을 제공했다면 대체로 저작권은 사용자에게 있습니다. 플랫폼 운영자의 권리는 UGC를 해당 플랫폼에서 활용할 수 있는 라이선스를 얻는 정도입니다. 하지만 최근 메타버스 환경은 대부분 플랫폼 운영자가 사용자들의 창작을 적극적으로 지원하는 편입니다. 예컨대 제페토의 경우에도 사용자들에게 저작권 보호를 받는 텍스트, 그래픽, 이미지, 삽화, 디자인, 아이콘, 사진, 동영상 등 다양한 자료를 제공하고 있습니다. 이 자료들의 저작권은 제페토 운영사인 네이버Z에 있다. 사용자들은 이를 이용해 사진, 동영상, 텍스트, 그래픽, 아이템 등 UGC를 제작하는데 그 결과 사용자가 만든 콘텐츠는 제페토의 저작물을 활용해 만든 2차 저작물로 UGC의 저작권 및 기타 지식재산권은 사용자에게 있지만, '제페토'에게 현재 또는 추후 개발되는 모든 미디어 및 배포 매체에 해당 콘텐츠의 사용 권한을 부여합니다. 이처럼 플랫폼에 자료를 활용해 만든 콘텐츠라면 사용자와 메타버스 기업이 지식재산권 문제로 불거질 여지가 큽니다.

왜냐하면 통상적으로 메타버스 플랫폼의 경우 사용자들이 만든 창작물에 대한 저작권은 사용자가 가지며, 그 창작물의 '사용'이나 '서비스'에 대해서는 메타버스 운영자들이 관리하고 있습니다. 내가 만든 창작물에 대한 저작권은 내 소유지만 이것을 배포하거나 파는 행위는 메타버스 운영자들이 할 수 있어서 메타버스 세계에서는 지식재산권 침해 문제가 생길 여지가 많습니다.

예를 들면 메타버스에서는 자신을 아바타로 만들어 자아를 표현합니다. 그렇다면 이 아바타는 저작권 보호를 받을 수 있을까요? 단순 제작된 경우를 제외하고 아바타는 정신적 노력으로 만들어진 창작적 표현물로서 미술 저작물 혹은 영상저작물의 일종이라고 할 수 있을 것입니다. 예컨대

'세컨드 라이프' 상에서는 사용자가 도구를 이용해 머리와 눈동자 색, 피부색부터 헤어 디자인, 얼굴의 형태와 신체의 각 부분까지 미세하게 조정해 개성 있는 아바타를 만들 수 있는데, 이런 경우 창작성이 있는 저작물로 보호받을 수 있습니다. 또한 사용자가 제작한 물체, 예를 들어 의류나 가구, 자동차 등도 창작성이 인정되는 한 저작물로 보호될 수 있을 것입니다. 하지만 이것을 모르는 사용자가 마음대로 이것을 도용하고 배포한다면 저작권 침해 문제에 연루될 수 있습니다.

03 메타버스 윤리 문제를 알아보자!

최근 페이스북이 메타버스 관련 외부 연구 활동을 위해 5000만 달러(한화 약 592억 원) 규모 기금을 2년간 조성한다고 밝혔습니다. 여기에 서울대학교가 안전·윤리·책임 있는 기술을 주제로 연구비를 지원받았습니다.

그렇다면 페이스북은 어떤 것을 연구하기 위해 이러한 기금을 조성하는 걸까요? 페이스북은 독과점이 아닌 많은 사람이 경쟁을 통해 경제적으로 기회의 장이 마련되도록 하고 개인 정보를 최소화하고 안전하게 데이터를 사용하는 것을 투명하게 공개함으로써 정보 유출에 대한 문제를 해결하며 메타버스 속 사이버 범죄로부터 사람들의 안전을 보장하고 불편함을 바로 조치를 하거나 도움을 요청할 수 있도록 하는 연구에 기금을 투자한 것입니다.

현재 많은 나라와 기업들이 메타버스를 통해 새로운 플랫폼, 비즈니스 모델들에 관한 연구만을 해왔습니다. 메타버스로 새로운 세상이 열릴 수 있는데 여기서 어떤 규범이 필요한지에 관해 연구하는 것이 메타버스 윤리이며 페이스북에서 이러한 연구를 시작하였습니다. 앞으로 메타버스에 대한 법제화가 진행될 것이며 메타버스 속 윤리에 관해서도 많은 연구가 진행될 것입니다.

04 메타버스 문제 해결을 위한 노력을 알아보자!

04.01. 메타버스 윤리 교육! 이렇게 해보세요!

메타버스 세계는 현실을 확장한 가상세계입니다. 학교 현장에서 학생들과 규칙을 정하는 것과 같이 메타버스 세계의 속성에 대해 이해하고 학생들과 함께 메타버스 속 규칙을 정하는 것도 윤리 교육의 한 방법이라고 할 수 있습니다.

메타버스 시대, 우리가 지키고 실천해야 할 규칙을 만들어 봅시다.

*출처: 방송통신위원회와 한국정보화진흥원

메타버스 중 라이프 로깅(개인이 생활하면서 보고, 듣고, 만나고, 느끼는 모든 정보를 자동으로

이것만은 꼭! 메타버스 윤리 교육! **145**

기록하는 것.)은 우리가 흔히 쓰는 SNS와 같이 일상을 공유할 수 있는 가상세계입니다. 하지만 이 라이프 로깅에서 개인 정보가 유출되는 경우가 많습니다. 학생들과 실제 사례를 바탕으로 개인 정보가 유출되는 곳을 찾아보는 활동을 할 수 있습니다.

*출처: 방송통신위원회와 한국정보화진흥원

마지막으로 네티켓이라고 부르는 인터넷 예절처럼 메타버스 속 예절도 교육할 필요가 있습니다. 각 상황에 맞는 바람직한 행동을 학생들이 작성해 보고 나의 다짐서를 만들어 보는 활동 또한 학생들의 윤리 교육에 도움이 될 것입니다.

상황	바람직한 행동은?
상황 ①	예) 다른 사람의 신체를 동의 없이 함부로 찍거나 유포하지 않습니다.
상황 ②	예) 다른 사람에게 친구의 험담을 하지 않습니다.
상황 ③	예) 친구들 따돌리지 않습니다

*출처: 방송통신위원회와 한국정보화진흥원

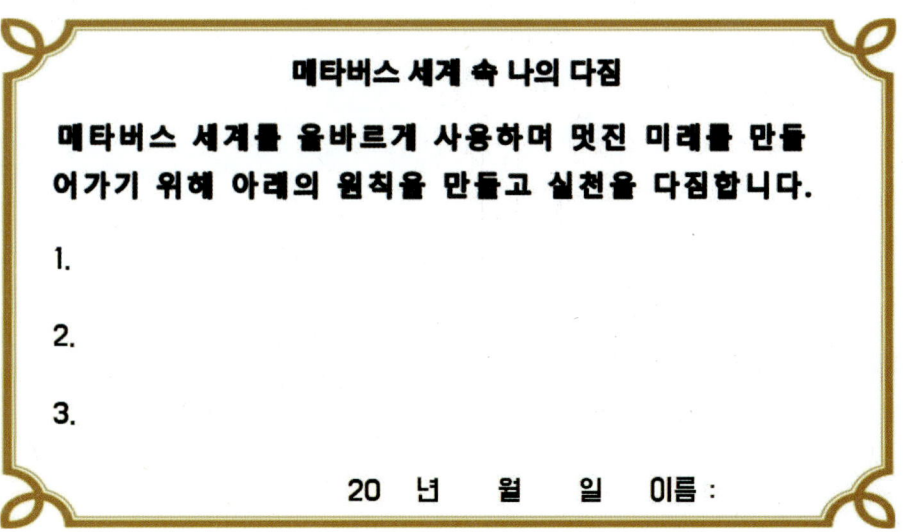

메타버스 세계 속 나의 다짐

메타버스 세계를 올바르게 사용하며 멋진 미래를 만들어가기 위해 아래의 원칙을 만들고 실천을 다짐합니다.

1.

2.

3.

20   년   월   일   이름:

CHAPTER 14

메타버스 윤리 교육하기

05. 메타버스 윤리 교육 방법을 알아보자!
06. 메타버스 교육의 장점을 알아보자!
07. 메타버스 교육의 선행조건을 알아보자!

05 메타버스 윤리 교육 방법을 알아보자!

2021년, 동신대학교에서는 메타버스를 활용하여 의사소통 관련 강의를 진행하였습니다. 메타버스로 강의를 처음 진행한 동신대학교 교수와 학생들은 많은 어려움을 느꼈습니다. 메타버스를 활용해 '의사소통 2' 강의를 진행하고 있는 박순희 교수는 "메타버스 활용 수업에서 교수가 준비해야 할 사항이 매우 많았다."라며 "메타버스 활용법부터 콘텐츠 제작까지 교수가 수업 전에 미리 준비하고 리허설도 해야 한다."라고 말했습니다.

*출처: https://news.zum.com/articles/71990030

메타버스를 활용하여 교육하였을 때, 우려되는 문제점에는 무엇이 있을까요?

첫째, 메타버스라는 플랫폼을 활용하여 수업하는 강의자에게는 메타버스 플랫폼을 사용하는 능력이 요구되고, 메타버스 내에서 수업을 진행하기 때문에 수업 준비량이 전보다 많아질 것입니다. 또한 강의자의 플랫폼 사용 능력에 따라 수업의 질도 달라질 수밖에 없어서 플랫폼을 능숙하게 다루기 위해 사전 준비 시간을 많이 할애해야 하는 문제점도 지적됩니다.

둘째, 강의를 듣는 학생에게는 메타버스 플랫폼의 게임적 요소가 오히려 교육에 방해가 될 수도 있습니다. 메타버스 플랫폼인 로블록스, 제페토, 마인크래프트 등은 원래 게임 목적으로 제작되었기 때문에 학생들의 학습 동기를 유발하기에 매력적인 도구이지만 자칫 교육에 집중하는 데 방해

요소가 될 수 있습니다.

셋째, 메타버스에서 교육 활동이 이루어진다는 것에 대해 부정적 인식을 가진 학부모와 교사들이 많다는 점입니다. 시대적 흐름에 맞춰 메타버스가 학습의 장으로 활용되는 것에 대해 학생의 창의성 계발이나 교육의 혁신 등의 측면에서 긍정적 인식을 가진 학부모와 교사도 있지만, 아직 메타버스를 게임이나 오락을 즐기는 공간으로만 인식하는 경향이 있어 인식의 변화에 대한 노력이 필요하며 사회적 동의가 필요한 문제로 보입니다.

마지막으로 메타버스라는 방대한 공간 활용에 따른 학생 관리의 어려움이 있습니다. 메타버스에서는 이용자들 간에 실시간으로 상호작용하며 자유롭게 소통할 수 있습니다. 이는 교실이라는 좁은 공간에서 발언권을 얻고 통제하에 진행되었던 전통적인 수업과 달리 교사-학생, 학생-학생 간에 상호작용이 실시간으로 무한대로 확장 가능한 월드(맵)에서 이루어질 수 있다는 대단한 장점이 있습니다. 하지만 이러한 장점이 자칫 통제 불가능이라는 단점으로 작용할 수 있습니다. 수업 시간과 쉬는 시간의 구분 없이 무분별한 외부 콘텐츠에 노출될 확률이 높고 메타버스 상에 자유도가 높은 플랫폼의 경우 학생들이 교사의 통제 밖에 벗어나는 등 어려움이 생길 수 있기 때문입니다.

06 메타버스 교육의 장점을 알아보자!

앞서 살펴본 윤리 문제와 메타버스 교육 시 우려되는 부분에서 보았듯이 메타버스를 교육에서 활용하는 데에는 많은 아킬레스건이 존재합니다. 하지만 이러한 위험을 안고도 메타버스를 교육과 계속해서 접목하고자 시도하는 이유는 무엇일까요?

서울시설공단은 10대가 주로 이용하는 로블록스에 3D 콘텐츠인 '따릉이안전교육장'과 홍보관을 구현한 '따릉이 메타월드'를 만들었습니다. 따릉이 메타월드는 아바타로 입장해 메타버스를 둘러보는 것만으로도 자연스럽게 자전거 이용 안전의식을 습득할 수 있도록 전시·교육·게임·체험이 어우러진 공간으로 꾸며졌으며, 안전교육장에서는 초등-중등- 일반 등으로 구분된 안전교육을 받고 이어 자전

*출처: https://m.post.naver.com/viewer/postView.naver?volumeNo=32977941&memberNo=12082341&vType=VERTICAL

거 교통 표지판을 둘러본 후 관련 내용을 게임으로 즐길 수 있습니다. 특히 서울시에서 시행 중인 자전거 안전교육 실기시험장을 온라인으로 가져온 주행체험장 코스는 아바타로 자전거 주행을 하면서 횡단보도, 교차로, 직선코스, 곡선코스 체험이 가능합니다.

이처럼 메타버스를 교육에 활용하면 얻게 될 도드라지는 장점이 있습니다. 첫째, 교실 한계를 극복할 수 있고 경험을 확장 시킬 수 있습니다. 포스트 코로나 시대 대면 활동의 제약을 극복하고 학교에서 이루어지거나 하기 힘든 다양한 활동을 메타버스 세계에서 시간과 공간의 제약 없이 교육할 수 있습니다. 특히나 고위험의 문제로 연출하기 어려운 환경(화재현장, 항공 조종, 위험한 수술 등)에서의 실습과 시뮬레이션을 안전하고 효율적으로 할 수 있다는 것도 메타버스 교육의 장점이라고 볼 수 있습니다.

둘째, 학습 몰입과 참여를 촉진할 수 있습니다. 메타버스 환경에서 실제 세계를 가상의 공간에 만들어 놓았기 때문에 생생하고 몰입감 있는 학습을 할 수 있습니다. 또한 학습자와 교수자가 동등하게 아바타를 활용함으로써 현실의 제약을 벗어날 수 있고 장벽을 허물어 학습자의 학습 참여가 촉진될 수 있습니다.

마지막으로 학습방법의 다변화를 꾀할 수 있습니다. 교실의 일률적 학습에서 벗어나 학습 특성에 맞는 방법과 공간을 구축하여 다양한 형태의 문제 해결, 프로젝트 학습 등을 통해 학습자 중심 수업을 실현할 수 있습니다. 또한 현실 수업에서 그치는 것이 아니라 현실에서 가상의 공간을 체험하는 방식과 가상에서 가상 콘텐츠를 체험하면서 문제를 해결하는 학습을 할 수 있습니다. 자유도가 높은 가상의 공간에서 공간을 구성하며 소통하며 문제를 해결함으로써 자신의 창의력을 발휘하고, 콘텐츠의 소비자가 아닌 생산자로서의 경험을 할 수 있습니다. 진로 체험학습 등 새로운 교육 환경에서 자신의 역량을 확인하고 발휘해 볼 수 있는 기회를 가질 수 있습니다.

07 메타버스 교육의 선행조건을 알아보자!

이러한 메타버스 교육의 장점을 살리기 위해서는 몇 가지 선행되어야 할 것들이 있습니다. 우선 창작자(기업)들은 메타버스 플랫폼의 기능 향상과 상호 운용성이 개선되어야 합니다. 네트워크 환경이 기본 바탕이 되는 메타버스 세계에서 사용자의 네트워크 환경, 기기에 맞는 플랫폼의 안정화가 필요하며 교육용 계정 생성이나 접근성이 향상되어야 합니다. 또한 마인크래프트 교육용 버전과 같이 교육 특화 메타버스 플랫폼이 생성되어 학생들을 무분별한 콘텐츠의 노출에서 막고 교수 학습 상황에 맞는 콘텐츠만 보일 수 있도록 학생들을 관리할 수 있도록 해야 할 것입니다.

정부 차원에서 개선에 힘써야 할 부분이 있습니다. 메타버스 내 유해 콘텐츠를 차단하고 상업적 거래를 제한하는 등 교육에 필요한 법을 제정하여 안전장치를 마련해야 할 것이며 가상공간에서도 현실세계의 원리를 적극 반영하여 범죄, 개인 정보 유출, 불법 복제 지식 재산권, 저작권 보호, 프라이버스 문제 등을 사전에 방지하는 제도를 구축해야 할 것입니다. 마지막으로 메타버스를 교육에 효과적으로 활용하기 위한 전략 및 가이드 개발도 병행해야 합니다.

교육현장에서는 메타버스 교육을 단순한 기술의 적용이 아닌 "잘 설계된 활동"으로 만드는 것이 메타버스 교육의 우려를 지우는 가장 큰 방법일 것입니다. 무엇으로 가르칠 것인가가 아닌 무엇을 가르칠 것인가에 초점을 두고 메타버스가 새로운 세계에 대한 호기심을 자극하고 지식을 확장시키며 건설적인 상상력을 자극하는 촉매제가 되도록 해야 할 것입니다. 그것을 위해서는 학생들을 대하는 우리들에게 건전한 철학이 필요하겠습니다.